公会計講義

鈴木　豊・兼村髙文
［編著］

貸借対照表
（単位：十億円）

＜資産の部＞	20年度	＜負債の部＞	20年度
現金・預金	6,280	未払金等	2,459
有価証券	24	賞与引当金	283
未収金等	7,793	公債	549,820
貸付金	2,976	借入金	19,643
貸倒引当金	△190	退職給付引当金	11,862
有形固定資産	169,323	その他の負債	19,484
国有財産（公共用財産を除く）	25,132		
公共用財産	141,566	負債合計	603,551
物品	2,625		
無形固定資産	128	＜資産・負債差額の部＞	
出資金	32,930	資産・負債差額	△356,583
国債整理基金	22,947		
その他の資産	4,756		
資産合計	246,968	負債及び資産・負債差額合計	246,968

PUBLIC SECTOR ACCOUNTING

税務経理協会

はしがき

　かつて政府の会計は"官庁会計"と称され，議論されることはほとんどなかったが，最近では"公会計"に代わり，一般的にもその重要性が認識されてきた。2009年9月に誕生した鳩山民主党政権は，マニフェストで公会計改革（複式簿記・発生主義）を実施し「公会計法」を制定すると公約している。

　公会計改革は，すでに多くの先進諸国で実施済みである。公会計改革が要請されるのは，政府が公共部門の効率化・有効化を民間の経営ノウハウ等を活用して推進するなかで，公会計も民間の企業会計を取り入れて改善を図るものである。公会計の情報が企業会計と同様の会計処理により得られれば，公共部門の改善に大いに貢献することになる。

　わが国の公共部門は，1980年代からの市場主義の改革で公的企業の多くは民営化され，政府部門も市場化が進められてきたが，実際には巨額の債務残高を抱え危機的状況にある。2009年度末で政府の長期債務残高は816兆円に上り，GDPの169％にも膨らんでいる。

　政府の債務は突然に膨らんだわけではない。資産・債務のストックは資金収支のフローの結果である。これまで財政運営は，フローを中心に政策決定が行われてきた。ストックは会計情報としてそれほど注目されなかった。わが国でストックが注目され始めたのは2000年頃からである。国はバランスシートを作成し，地方自治体も任意ではあるがバランスシート等の財務書類を公表し始めた。ストック情報を含めた会計情報は，財政の実態を伝え，意思決定にも不可欠な情報である。財政危機をとおして，われわれはこのことを認識してきたのである。

　本書は，公会計を基礎から学ぶ学生や自治体職員・議員，住民などを対象に公会計の理論と制度をまとめた解説書である。本書の特徴は，公会計の取り扱

いについて，公会計を会計からのみ解説するのではなく，公会計が機能する公共部門の理論と制度を踏まえて扱っているところにある。公会計の役割は，公共部門の意思決定である予算に有用な会計情報を提供することだからである。

　構成をみよう。全体は3つの編からなる。第1編（第1～3章）は，公共部門の理論と制度である。財政の理論と予算決算制度を中心に扱っている。第2編（第4～9章）は，公会計と公監査の理論と制度である。公会計論と国・地方の公会計制度および公監査論と制度を扱っている。第3編（第10～12章）は，外国の公会計制度と国際公会計基準の動向である。米英の公会計制度の解説と国際会計士連盟で進められている国際公会計基準の整備と各国の対応について扱っている。

　本書の出版にあたっては，税務経理協会編集部部長峯村英治氏ならびに編集部諸氏に大変お世話になった。この紙面を借りて衷心よりお礼を申し上げたい。本書が公会計の理解とそれによって公共部門がより有効に機能する一助となれば，著者一同幸いである。

2010年3月

編著者

［執筆担当］

第1,2,7章　兼村髙文（明治大学公共政策大学院ガバナンス研究科教授）

第3章　稲田圭祐（参議院決算委員会調査室客員調査員，千葉商科大学講師）

第4章　石田晴美（文教大学経営学部准教授）

第5章　宗岡徹（関西大学会計専門職大学院教授）

第6章　林賢是（青山学院大学大学院博士課程）

第8章　水田健輔（国立大学財務・経営センター研究部教授）

第9章　鈴木豊（青山学院大学大学院会計プロフェッション研究科長・教授）

第10,11章　鵜川正樹（公認会計士），阿部かおり（公認会計士）

第12章　石井和敏（青山学院大学大学院博士課程）

目　　次

はしがき

第1編　公共部門と予算会計制度

第1章　公共部門の理論と公会計

1　公共部門の範囲とその活動 …… 3
- 1-1　公共部門の必要性とその役割 …… 3
- 1-2　国民経済における公共部門の範囲とその規模 …… 5

2　わが国の財政制度と現状 …… 7
- 2-1　国の予算と財政状況 …… 7
- 2-2　地方財政計画と財政状況 …… 10

3　公共部門と公会計 …… 12
- 3-1　公会計の領域 …… 12
- 3-2　公共部門と公会計 …… 13

4　財政と公会計 …… 14

第2章　政府の予算会計制度

1　予算の特性と予算原則 …… 17

1-1　予算の定義 …… 17
1-2　予算の特性—政治性と民主性— …… 18
1-3　予算の機能と予算原則 …… 19

2　政府の予算制度 …… 20

2-1　国の予算制度 …… 20
 2-1-1　予算過程—編成・執行・決算— …… 20
 2-1-2　予算の種類 …… 22
 2-1-3　予算の内容 …… 24
 2-1-4　予算の区分と科目 …… 24
2-2　地方の予算制度 …… 25
2-3　予算編成の新たな展開 …… 25

3　公会計制度の推移と現状 …… 27

3-1　公会計制度の推移 …… 27
3-2　予算決算の会計単位 …… 28

第3章　予算会計制度の課題と改革への取組み

1　予算制度の課題と対応 …… 31

1-1　予算の政治性とアカウンタビリティ …… 31
1-2　予算形式の課題 …… 32

目　次

| 2 | 公会計制度の課題と対応 |
| | ―予算決算から会計決算へ― ················· 33 |

| 3 | 公共経営理論の行財政改革 ························· 35 |

　3-1　新公共経営の理論 ································· 35
　3-2　NPM による予算・財政マネジメントの仕組み ············· 36

| 4 | 公共経営による予算会計改革 ······················ 37 |

　4-1　予算・財政マネジメントと発生主義予算決算 ······ 37
　4-2　NPM による予算会計改革 ····························· 38
　4-3　わが国の予算会計改革と PDCA サイクル ··············· 41

第2編
公会計と公監査の理論と制度

第4章　公会計の理論と課題

| 1 | 公会計改革の動向 ····································· 47 |

| 2 | 決算書としての財務報告の目的 ······················ 48 |

　2-1　政府と企業の違い ································· 48
　2-2　アカウンタビリティ ······························· 49
　2-3　非財務成果情報 ··································· 49

3

3 現金主義会計とは……51
　3-1　測定の焦点と会計処理基準……51
　3-2　現金主義会計のメリット……51
　3-3　現金主義会計の限界……53
　3-4　現金主義会計と発生主義会計の違い……54

4 発生主義会計のメリットおよび論点……56
　4-1　資産……56
　4-2　負債……57
　4-3　純資産……57
　4-4　収益・費用……58
　4-5　財務業績……59
　4-6　発生主義会計のメリット……59

5 発生主義会計が実際にもたらした便益……60

6 企業会計が公会計に及ぼす影響……61

7 おわりに……63

第5章　国の公会計制度

1 国の会計区分……67

2 国の会計制度の制定……69
　2-1　一般会計の会計処理……69

2-2　特別会計の会計処理と改革 ……………………………… 70
　　2-3　特殊法人等の会計処理の改革 …………………………… 72
　　2-4　特別会計の会計基準策定 ………………………………… 74
　　2-5　省庁別財務書類作成基準の制定 ………………………… 75

3　省庁別財務書類の概要 ………………………………………… 78

　　3-1　省庁別財務書類の対象範囲 ……………………………… 78
　　3-2　省庁別財務書類の体系 …………………………………… 79

4　省庁別財務書類をめぐるいくつかの論点 ………… 87

　　4-1　国の組織における会計主体性 …………………………… 87
　　4-2　出納整理期間の取扱 ……………………………………… 88
　　4-3　機会費用と公債関連情報 ………………………………… 89

第6章　地方自治体の公会計制度

1　地方自治体の会計区分 ……………………………………… 93

2　地方自治体の会計制度の制定 …………………………… 95

　　2-1　一般会計の会計処理 ……………………………………… 95
　　2-2　特別会計の会計処理 ……………………………………… 95

3　地方自治体の会計と財政状況 …………………………… 96

　　3-1　会計区分と決算書類 ……………………………………… 96
　　3-2　普通会計の決算と財政分析 ……………………………… 96
　　3-3　普通会計の状況 ………………………………………… 101
　　　3-3-1　目的別経費の状況 ………………………………… 101

3-3-2　性質別経費の状況 ……………………………………… 101
　　　3-3-3　歳入の状況 …………………………………………… 102
　　3-4　特別会計の経営状況と改革 ……………………………………… 103

第7章　新地方公会計制度による財務報告

1　地方公会計改革の取組み ……………………………………… 107

2　国による新たな財務書類の提示とその内容 ……… 108

　　2-1　「新地方公会計制度研究会報告書」の概要 ……………… 108
　　2-2　「基準モデル」「総務省方式改訂モデル」の特徴
　　　　と体系 ………………………………………………………… 109
　　2-3　財務書類の整備状況 ……………………………………… 113
　　2-4　財務書類4表の様式 ……………………………………… 114
　　　2-4-1　貸借対照表 …………………………………………… 114
　　　2-4-2　行政コスト計算書 …………………………………… 115
　　　2-4-3　純資産変動計算書 …………………………………… 116
　　　2-4-4　資金収支計算書 ……………………………………… 117

3　新たな公会計モデルの分析事例 ……………………… 118

　　3-1　総務省方式改訂モデルの事例—八王子市の財務書類— … 118
　　3-2　基準モデルの事例—海老名市— ………………………… 124

第8章　公営企業等の公会計制度

1　地方公営企業の会計 ……………………………………… 133

目　次

- 1-1　地方公営企業制度 …………………………………… 133
- 1-2　地方公営企業会計 …………………………………… 135
  - 1-2-1　複会計予算・決算 ……………………………… 135
  - 1-2-2　地方公営企業会計の財務諸表体系 …………… 136
  - 1-2-3　地方公営企業会計の特徴
    ①―資本金― ……………………………………… 137
  - 1-2-4　地方公営企業会計の特徴
    ②―みなし償却― ………………………………… 139
- 1-3　地方公営企業会計の見直し ………………………… 140

2　独立行政法人の会計 ………………………………… 141

- 2-1　独立行政法人制度 …………………………………… 141
- 2-2　独立行政法人会計 …………………………………… 142
  - 2-2-1　予算・決算制度 ………………………………… 142
  - 2-2-2　独立行政法人会計の財務諸表体系 …………… 142
  - 2-2-3　独立行政法人会計の特徴
    ①―運営費交付金の処理― ……………………… 144
  - 2-2-4　独立行政法人会計の特徴
    ②―特定資産の減価償却― ……………………… 146
  - 2-2-5　独立行政法人会計の特徴
    ③―当期純利益― ………………………………… 146
  - 2-2-6　独立行政法人会計の特徴
    ④―行政サービス実施コスト計算書― ………… 147

3　まとめ …………………………………………………… 148

第9章　公監査の理論と制度

1　公的部門のパブリック・アカウンタビリティ …… 151

2　公監査目的の体系と公監査人の職業倫理 …… 153

3　米・英の公監査の展開と公監査基準 …… 156

4　日本の公監査の展開と公監査基準 …… 159

4-1　会計検査院の公監査 …… 159
4-2　独立行政法人の公監査 …… 160
4-3　地方自治体の監査委員の公監査 …… 161
4-4　地方自治体の外部公監査 …… 162
4-5　地方自治体の財政健全化法の公監査の強化 …… 162
　4-5-1　健全化判断比率の指標 …… 164
　4-5-2　健全化計画・再生計画 …… 164
　4-5-3　公営企業の健全化指標 …… 165
　4-5-4　第三セクターの財務書類 …… 165

5　むすびにかえて …… 165

目　次

第3編 外国の公会計制度と各国の動向

第10章 アメリカの公会計制度

1　米国の公会計制度の概要と特徴 …… 169

1-1　連邦政府の会計 …… 169
1-1-1　概要 …… 169
1-1-2　連邦政府財務報告の目的 …… 170
1-1-3　連邦政府財務報告の質的特徴 …… 171
1-1-4　予算についての発生主義の議論 …… 171
1-1-5　作成する財務報告書 …… 171

1-2　州・地方政府の会計 …… 172
1-2-1　概要 …… 172
1-2-2　二重基準に関する議論 …… 172
1-2-3　州・地方政府の財務報告の目的 …… 173
1-2-4　州・地方政府の財務報告の質的特徴 …… 174
1-2-5　作成する財務報告書 …… 174
1-2-6　GASB 第34号における純資産の考え方 …… 174

2　米国政府会計の財務諸表の事例 …… 175

2-1　米国連邦政府 …… 175

		2-1-1	概要 ·································	175

- 2-1-1 概要 ·· 175
- 2-1-2 財務諸表の特徴 ··································· 176
- 2-1-3 財務諸表の事例 ··································· 180
- 2-2 米国州・地方政府の事例―ニューヨーク市― ········ 180
  - 2-2-1 概要 ·· 180
  - 2-2-2 財務諸表の特徴 ··································· 180
  - 2-2-3 財務諸表の事例 ··································· 182

3 わが国への示唆 ·· 182

- 3-1 統一的な会計基準 ··· 182
- 3-2 政府会計と財政の関係 ···································· 185

第11章 イギリスの公会計制度

1 英国の中央政府の会計制度の概要と特徴 ········ 187

- 1-1 資源会計・予算制度の背景 ····························· 187
- 1-2 資源会計・予算の目的 ···································· 188
- 1-3 財政運営のフレームワークの設定 ···················· 190
- 1-4 財務マネジメントの改革 ································ 190
- 1-5 行政マネジメントの改革 ································ 191
- 1-6 包括的政府会計 ·· 191
- 1-7 英国中央政府における国際財務報告基準（IFRS）
  の導入 ·· 191

2 英国政府の資源会計による省庁別財務報告書の事例 ··············· 194

目　次

3	英国の地方政府	198
4	英国バーミンガム市の財務報告書の概要	199
5	わが国への示唆	202

第12章　国際公会計基準（IPSAS）の設定と各国・機関の対応

1	国際公会計基準の設定の意味と位置づけ	207
2	IFAC・IPSASB の仕組みと運営方法	208
2-1	PSC から IPSASB へ	208
2-2	基準策定プロジェクト	208
3	IPSASB が志向するコンバージェンス	209
3-1	IFRS とのコンバージェンス	209
3-2	各国基準とのコンバージェンス	210
3-3	統計基準とのコンバージェンス	210
4	海外における IPSAS の検討と導入	211
4-1	イギリス	211
4-2	アメリカ	211
4-3	世界機関や他国の状況	212
5	わが国における IPSAS の導入事例	212

5-1　独立行政法人における固定資産の減損 …………… 212
5-2　地方自治体会計改革と財務書類4表の作成 ………… 214

6　IPSAS導入の課題 ………………………………………… 214

6-1　IPSASB公会計概念フレームワーク ………………… 214

7　最後に ……………………………………………………… 215

索　引 ……………………………………………………………… 219

第1編

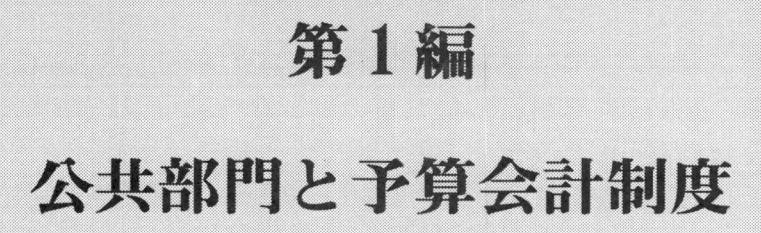

公共部門と予算会計制度

第1章

公共部門の理論と公会計

　会計は，一般的には民間部門を対象としているが，公会計は公共部門の会計である。両者は同じ会計であっても，民間部門と公共部門では行動原理が異なるため，それぞれの原則や理論は異なるところもある。公会計を理解するためには，公共部門とその関わりについて学んでおく必要がある。はじめに，公共部門の理論と制度をみたうえで，公会計との関わりについて解説しよう。

1　公共部門の範囲とその活動

1 — 1　公共部門の必要性とその役割

　民間部門の経済活動は，市場で形成される価格をとおして効率的で最適な資源配分が達成される。しかし，すべての財サービスが市場で価格が形成されるわけではない。例えば，国防や警察，道路のような財サービスは，そもそも市場が存在しない。民間部門では生産されないため，公共部門が公共財サービスとして提供することになる。また市場が形成されていても，資本力のある企業が独占してしまう電力や運輸などの費用逓減産業は，そのままでは消費者が不利益を被るかもしれない。独占の弊害が生じるため，何らかの政府による規制

が必要となる。さらに，公害や騒音などは市場を介さずに生じ，社会に不利益を与えてしまう。これを外部不経済というが，これも政府の対策が必要となる。

以上のことを「市場の失敗」という。民間部門で市場が形成されないか機能しないため，公共部門が必要となるのである。ただし，公共部門といっても中央・地方の政府から公的企業まで広範である。公的企業は，政府の出資等による企業が民間部門と同様の活動もしているので，市場の失敗に対応するのはもっぱら政府である。政府は市場で提供されない公共財サービスを提供し，また市場の公正を維持するために規制等を行うことになる。

政府は公共財サービスの提供に必要な財源は，基本的には強制的に徴収する租税でまかなう。それゆえ公共財サービスの規模と内容は，租税を負担する納税者の意思に基づいて決定しなければならない。この具体的な手続きが予算である。ここで予算と決算の会計を受け持つのが公会計である。

さて，公共部門の経済活動とりわけ政府の経済活動を財政（Public Finance）というが，その役割については一般的に次の3つがあげられる[1]。

①**資源配分の決定**：市場では生産されない公共財サービスを提供すること。公共財サービスにはもっぱら政府でなければ提供できない国防や司法，外交などがあり，これらをとくに「純公共財サービス」という。これらは税負担しない人を排除できないという意味で「非排除性」があり，誰も競合しないで等しく受けられることから「非競合性」の特性をもつ。また教育や医療，研究開発などは公共のみならず民間でも提供できることから「準公共財サービス」という。これらの規模と内容は予算をとおして決められる。

②**所得の再分配**：公平で平等な社会を実現するため税制や社会保障制度で所得の再分配を行うこと。所得税は累進税率構造をとおして（課税）所得の多い人ほど負担が多くなるよう制度が作られている。現在の所得税率は5％から40％まで6段階ある。また高齢や健康等の事情で所得獲得能力のないかまたは弱い人には，年金や生活保護，失業給付で所得補償を行っている。憲法で全ての国民は健康で文化的な最低限度の生活を営む権利を有すると規定されているため，こうした社会保障制度をとおして実施している。

③**経済の安定**：経済の変動を緩和させるために財政出動等で安定化を図ること。政府が経済の安定に積極的に関与するかは政策の判断であり，かつて1970年代前半までは積極財政政策を各国とも展開してきたが，1980年代からは財政の役割としてはそれほど重視しなくなった。

財政は，以上の役割を政策決定に従って実際に財政出動したり制度を運用しで公共の福祉の向上を図るのである。

1―2 国民経済における公共部門の範囲とその規模

一国の経済の大きさを貨幣単位で表す場合，国際比較の観点から国連の基準で作成される国民経済計算（System of National Accounts；SNA）で示される。SNAは，国連から公表されているマクロ会計（社会会計）の会計基準書である。1953年に初版が刊行され，1968年および1993年に大幅な改訂が行われた。わが国の国民経済計算は1993年に改訂されたルールに基づいて『国民経済計算年報』として毎年総務省から公表されている。

国民経済計算で公共部門は図表1-1のように，一般政府（General Government）と公的企業（Public Corporation）に区分される。一般政府はさらに中央政府，地方政府，社会保障基金に区分される。一般政府のうち中央政府と地方政府は，主として租税を財源として一般的な公共財サービスを提供する政府である。これに対して社会保障基金は，年金や医療，福祉サービスをまとめた統計上の括りであり，その財源は各国で租税であったり料金など異なっている。

わが国の中央政府（または国として表記）は，一般会計，特別会計，事業団，その他に分かれている。また地方政府（法律上は地方公共団体であるが通称として地方自治体や単に自治体，地方団体などの名称がある。本書では主に地方自治体，自治体と表記）は，地方自治体が条例で設置する会計単位は，一般会計，特別会計，その他（地方公社等）である。またこれとは別に，地方自治体全体の決算をまとめるために普通会計，公営事業会計（詳細は第6章参照）が統計上の会計区分として設けられている。

つぎに，公共部門の大きさをみよう。図表1-2は，一般政府支出の対GDP

第1編　公共部門と予算会計制度

図表 1-1　国民経済計算における政府の範囲（SNA 基準）

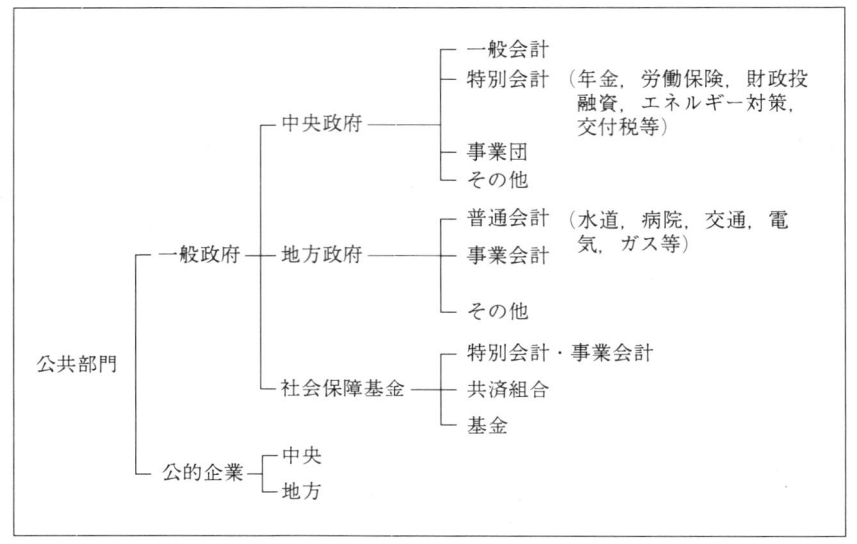

比とその内訳をみたものである。一般政府支出の比率をみると，欧州は40%から50%台であるのに対し，日本とアメリカは30%台である。各国政府の役割や社会保障制度等が異なるため一概に数値のみの比較でその大小はいえないが，日本は欧州に比較すれば10%程度小さいことになる。

また比率の内訳で一般政府の役割をみると，政府最終消費支出は社会保障を除く経常支出であり一般行政の規模を示している。アメリカが最も小さいが人件費の割合が10%台で多い。これに比して日本とドイツは政府最終消費支出が18%台であるが人件費は6%台である。その他の国はフランスとスウェーデンの人件費の割合が多くなっている。一般政府総固定資本形成はインフラ等の公共投資で日本はかつて6%台と高い比率であったが，公共事業が削減されて欧州なみの3%台となっている。社会給付（年金，失業給付等）の社会保障支出は各国とも10%台半ば前後を占めているが，日本は最も低い水準にある。

第1章　公共部門の理論と公会計

図表1-2　国民経済に占める一般政府支出の国際比較（対GDP比）

		政府最終消費支出	うち人件費	一般政府総固定資本形成	現物社会移転以外の社会給付(年金,失業給付等)	その他	うち利払費	うち土地購入(純)	うち補助金	一般政府総支出(合計)
日本	2007	18.1	6.1	3.0	11.7	3.5	2.5	0.4	0.6	36.3
アメリカ	2007	16.9	10.1	2.6	12.7	6.4	2.9	0.1	0.4	37.4
イギリス	2007	21.4	11.1	1.8	12.9	8.0	2.3	▲0.1	0.7	44.1
ドイツ	2007	18.0	6.9	1.5	17.3	7.4	2.8	▲0.1	1.1	44.1
フランス	2007	23.1	12.9	3.3	17.4	8.4	2.7	0.1	1.4	52.3
スウェーデン	2007	25.9	15.1	3.1	15.3	6.9	1.8	▲0.2	1.5	51.3

出所：財務省資料。

2　わが国の財政制度と現状

2—1　国の予算と財政状況

　国の財政は予算でその概要をみることができる。予算は国会で議決を要する一般会計予算，特別会計予算および政府関係機関予算がある。一般会計予算は，主に租税収入で一般行政サービスを提供する財政の根幹であり，国の財政といえば一般会計予算をさす場合が多い。特別会計予算は，特定の事業を行う場合に特定の資金を保有してその運用を行う場合や，特定の歳入をもって特定の歳出に充て一般の歳入歳出と区分して経理する必要がある場合に限り設置が認められている。特別会計はかつて60を数え，そのうち"隠れ借金"を抱えるものや最近では"埋蔵金"を有しているものなどに批判が向けられてきた。特別会計は2011年度までに17とする改革が進められてきた。政府関係機関予算もかつては住宅金融公庫や国民生活金融公庫など10を超えていたが，改革が行われ，2009年度予算では沖縄振興開発公庫，日本政策金融公庫，国際協力機構有償資金協力部門の3つとなった。

図表1-3 2009年度当初予算　　　　　（億円）

歳　　入		歳　　出
885,480	一般会計予算	885,480
3,709,097	特別会計予算	3,549,150
4,584,577	計	4,434,630
18,307	政府関係機関予算	21,261
4,612,884	計	4,455,891
2,397,424	うち重複額等	2,373,383
2,215,460	差引純計	2,082,508
825,557	地方財政計画	825,557
3,014,017	再計	2,908,065
291,730	うち重複額	291,730
2,749,287	純計額	2,616,335

出所:『図説日本の財政(平成21年度版)』東洋経済新報社, 2009年。

　図表1-3は，2009年度当初予算である。国の一般会計予算は88.5兆円であり，特別会計予算（21会計）は歳出総額で354.9兆円である。これに政府関係機関予算の2.1兆円を加えると，445.6兆円にもなる。ここから会計間の重複分を差し引くと純計で208.3兆円が国の歳出予算総額である。これに地方財政計画の82.6兆円を加えて国と地方の重複分を差し引くと261.6兆円となり，これが国・地方全体の歳出予算規模である。

　つぎに，2009年度一般会計予算の概要をみよう。歳入面では，税収が5割

図表1-4　2009年度一般会計予算の概要　　　　　（億円，％）

歳　　入	21年度	構成比	歳　　出	21年度	構成比
税　　収	461,030	52.1	国 債 費	202,437	22.9
その他収入	91,510	10.3	地方交付税等	165,733	18.7
公 債 金	332,940	37.6	一 般 歳 出	517,310	58.4
建設公債	75,790	8.6	うち社会保障関係費	248,344	28.0
特例公債	257,150	29.0	うち予備費	13,500	1.5
計	885,480	100.0	計	885,480	100.0

出所：財務省資料。

第1章 公共部門の理論と公会計

ほどしかなく，4割近くを公債金収入でまかなっている。とくに公債金のうち赤字公債である特例公債が4分の3を占め，まさに公債に抱かれた財政となっている。一方，歳出面では，公債金の元利償還である公債費が2割を超えるほどを占め，さらに地方の一般財源である地方交付税を控除すると政策的経費に支出できる一般歳出は予算の6割にも達しない。公債費が財政を圧迫し硬直化を進めていることを示している。

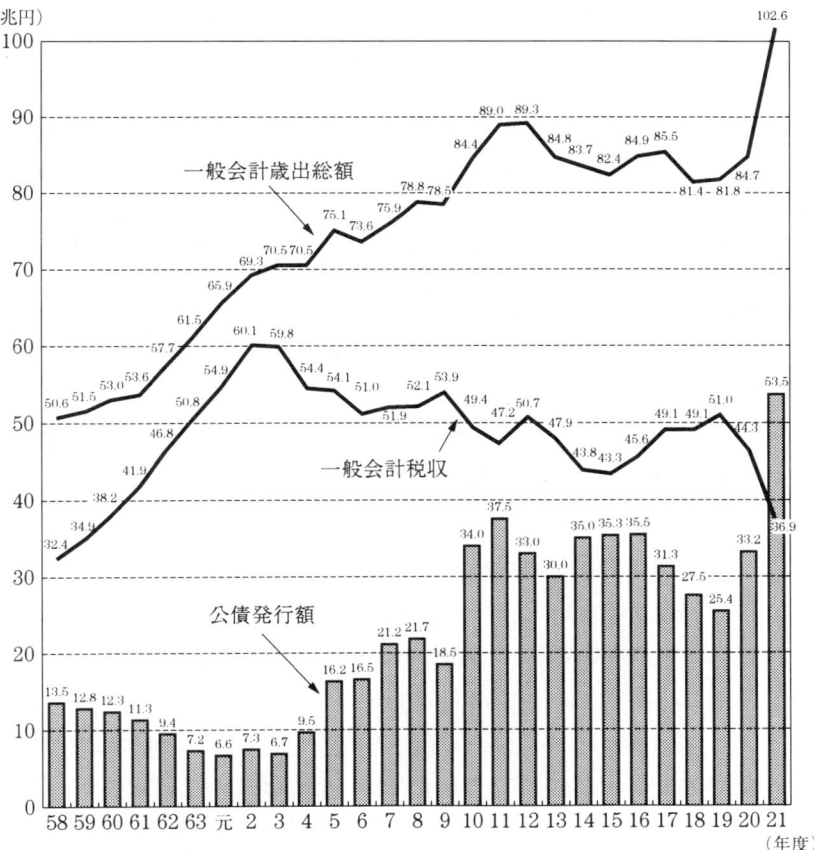

図表1-5 一般会計・税収・歳出総額・公債発行額の推移

出所：財務省資料。

9

財政の硬直化は図表1-5でも明らかなように，バブル崩壊後の1990年代前半から税収の落ち込みを公債でまかなってきたことによるものである。90年代は少子高齢化による社会保障費の増加に加えて，景気対策として公共事業を公債を財源として実施したため大きく公債が膨れたのである。

　2000年代に入り，小泉政権（2001年から2006年）で展開された構造改革で財政再建を進めてきたが，歳出と税収のギャップは埋まらず，公債に依存した財政運営が続けられてきた。その結果，2009年度末で国・地方の長期公債残高は816兆円になり，対GDP比で169％にも達する。歳出に見合った税負担を避けてきた結果である。

2—2　地方財政計画と財政状況

　地方財政は地方自治体の総計であり，全体としての予算は，国が翌年度の地方財政の歳入歳出総額の見込額を「地方財政計画」として作成し，国会に提出（議決の必要はない）され公表している。地方財政計画の役割は，国の財政と国民経済との整合性を確保するとともに，地方自治体が標準的な行政水準を確保できるよう地方財源を保障することである。これはまた，地方自治体の毎年度の財政運営の指針となっている。

　2009年度の地方財政計画は，図表1-6である。歳入面では，自主財源の地方税が約4割を占めているので4割自治ということができる。これに地方交付税を加えた6割強が一般財源である。地方分権改革（三位一体改革：税源移譲，国庫補助負担金の廃止削減，地方交付税改革）で財源の一般財源化が進み，特定財源の国庫支出金はかつては2割を超えていたが1割台になっている。歳出面では，地方も地方債残高が多く公債費が膨れ，他の経費を圧迫している。

　地方財政はまた，個別自治体の財政でもある。地方自治体の数は現在（2010年3月末），都道府県に47団体，市町村1,742団体（市785，町770，村187）である。都道府県ついては，明治以来その数と行政区域はほとんど変わらないまま今日に至っている。しかし最近は都道府県を再編して10前後の道州に置き換える道州制が議論されている。一方，市町村は，明治，昭和そして平成で大

図表 1-6 2009 年度地方財政計画　　　　（億円，％）

歳　　　入	計画額	構成比	歳　　出	計画額	構成比
地方税	361,860	43.8	給与関係経費	221,271	26.8
地方交付税	158,202	19.2	一般行政経費	272,608	33.0
国庫支出金	103,016	12.5	公債費	132,955	16.1
地方債	118,329	14.3	投資的経費	140,617	17.0
雑収入	49,053	5.9	公営企業繰出金	26,628	3.2
その他	35,097	4.3	その他	12,800	1.6
歳入合計	825,557	100.0	歳出合計	825,557	100.0

出所：総務省資料より作成。

規模な合併が行われてきた。平成の合併では，合併特例法がスタートした1999年時点で市町村は3,232あったので約半減となった。

　市町村合併の目的は，1つは地方分権の受け皿づくりであり，また2つには規模を大きくして効率化を図ることであった。合併により村がなくなった県もあり，自治体当たりの財政規模は合併により大きくなった。また効率化に関しては，合併で減少した数だけ首長が減り議員も相当の数が削減された。しかし，合併に際して特例措置等があり減少した分だけ財政規模が縮小したわけではない。図表1-7の地方歳出の推移でもわかるように，合併開始の1999年度から2007年度にかけて歳出規模は減少しているが，その幅は1割程度にとどまっている。これは公共事業や人件費のカットで支出は削減されたが，他方で少子高齢化や景気対策への支出が膨らみ，合併の効果は限られてしか現れていない。

　また個別の自治体財政については，共通の決算として総務省がとりまとめている「地方財政状況調査表」があり，これをまとめた「決算状況」（通称は決算カード）が総務省のホームページに掲載されている。全自治体が同じ決算書を作成するので比較ができ，また人口と産業構造が類似する自治体を類型化して集計した「類似団体別市町村財政指数表」を総務省が公表しているので比較分析が可能である。地方財政状況調査表は，第7章で触れる自治体の財務書類のもとデータであり，現金のみの決算集計であるが広範な財政分析に利用されている。

第1編　公共部門と予算会計制度

図表1-7　地方歳出の推移（決算ベース）

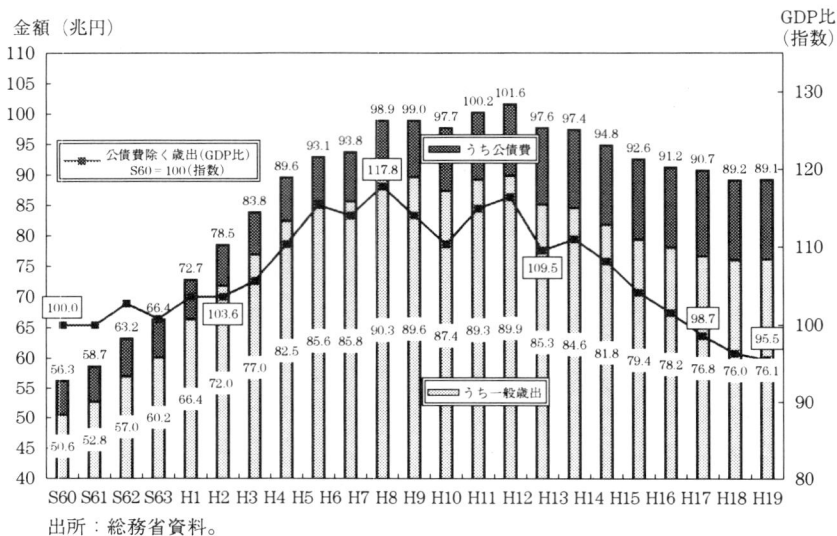

出所：総務省資料。

3　公共部門と公会計

3—1　公会計の領域

　公共部門は図表1-1でみたように，SNAで一般政府と公的企業に分けられている。この区分で公会計の領域を整理したものが図表1-8である。公会計は広くは公共部門全体を領域としているが，このうち一般政府は，主として企業会計にはない租税を収入源としているので公的企業とは異なる領域である。とくに一般政府のうち一般会計（普通会計）と特別会計の一部は，わが国は現金主義会計がその創始から変わらない制度であり，この領域をとくに狭義の公会計と区分することもある。またこの狭義の公会計は，まさに政府そのものであるので政府会計と称することもある[2]。

図表1-8 わが国の公共部門と公会計の区分

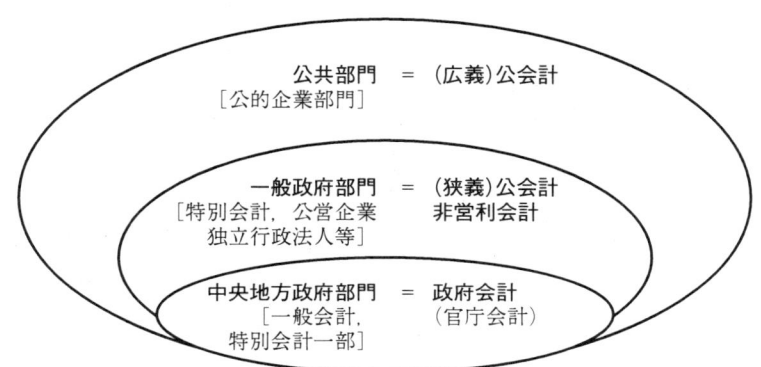

3－2 公共部門と公会計

会計の定義については，第4章で詳述するが，会計の機能は，経済活動を認識し，金額によって測定して記録し，利害関係者に報告することである。会計は民間部門を対象として発展してきたが，公共部門でもその本来的な機能は同じである。それゆえ公会計も公共部門の経済活動を金額で表して国民・住民に報告することである。

民間部門と公共部門で異なるのは，前述のように，行動原理である。民間部門は基本的には市場原理が支配し，経済主体として企業と家計（個人）が自由な意思決定で経済活動を行っている。市場が成立するので価格がシグナルとなって均衡が確保され，最適な資源配分が達成される。しかし，公共部門とりわけ政府は「市場の失敗」ゆえに存在するのであるから，公会計は市場性のない市場で経済活動を認識し金額の測定と記録，報告を行わなければならない。例えば，最近の公会計では道路や上下水などのインフラ資産や遺跡，有形・無形文化財などの資産を評価し計上している。公会計でも，市場がない資産の価値をどう評価するかはそれなりの理由が必要である。

公共部門の公会計はその歴史がまだ浅い。公会計は途上である。とくに財政学で議論が進んでいない。そのため公会計情報を予算決算にどう取り込み，意

思決定にどう活用するかの理論と制度の整理が十分には行われていないのが現状である。今後の早急な研究と発展が望まれるところである。

4　財政と公会計

　公会計は会計学の一分野であり、予算は財政学の一分野である。この両者をどう有機的に関連させ、最終的に予算決算を効率的で効果的な制度として機能させるかが、公会計に課せられた役割である。そのためには、会計学と財政学の学際的な研究がより一層のこと進められなければならない。

　これまで公会計は、行財政改革とともに研究が進められてきた。1980年代からの市場主義をベースにした公共経営論（public management）を参考にした改革では、公会計（Public Sector Accounting, Non-governmental Accounting）も予算や決算、業績評価に関連した研究論文や著書が出され、政府の公会計基準も作成されている[3]。また最近では、イギリスで国と地方の会計基準に国際会計基準（IFRS）が導入されるなど公会計基準の国際化と企業会計化も進んでいる。

　こうした公会計の進化とともに、予算制度の改革も進められている。公共経営論は予算の効率化・有効化を予算・財政マネジメントとして方向付けてきた。予算・財政マネジメントは第2章で説明するように、業績・成果志向のマネジメント・サイクルで資源配分の効率化・有効化を図ろうとするものである。わが国でもPDCA予算などとして先進的な地方自治体で取り組まれてきたとこである。

　予算・財政マネジメントで公会計は有用な会計情報を提供しなければならない。公会計は予算のサブシステムとして機能するのであるが、公会計は予算・財政マネジメントと一体となって発展する必要がある。公共部門の資源配分をより効率的で有効なものとするためにも、この分野のさらなる展開が望まれるところである。

〈注〉

1) 財政の役割については，片桐昭泰・兼村高文・星野泉『現代の財政』税務経理協会，2006年参照。
2) 山本清『政府会計の改革』中央経済社，2001年。
3) 例えば，イギリスは財務省が国の公会計基準を作成し，第三者機関である財務会計協会（CIPFA）が地方自治体の会計コードを作成している。また国際会計士連盟は国際的な公会計基準（IPSAS）の作成を進めている（第11章参照）。

〈参考文献〉

兼村高文『ガバナンスと行財政システム改革』税務経理協会，2004年。
地方交付税制度研究会編『平成20年度地方交付税のあらまし』地方財務協会，2009年。
『図説日本の財政（平成21年度版）』東洋経済新報社，2009年。

第2章

政府の予算会計制度

　行政は議決された予算のみ執行することができる。それゆえ政府が予算をどのように決めるかは重要な問題である。公会計は，予算に有用な会計情報を提供することで予算を効率的で効果的に機能させる任務を負っている。2010年度予算から予算編成が大きく変わりつつある。新たな予算の仕組みもみながら，わが国の予算会計制度をみよう。

1　予算の特性と予算原則

1—1　予算の定義

　予算とは，一定期間の収入（歳入）と支出（歳出）を計上した見積書であり，政策の具体的な表明である。予算は議決によってのみ効力をもち，議決された予算は行政に執行を義務づける。ここで一定期間とは，会計年度のことであり，現行の規定は4月から始まり翌年の3月末に終わる1年間である。そして予算は，議決が必須であることから，政策の帰結でもある。なお，予算は多くの国では法律（歳入歳出法）として成立するが，わが国では法形式をとらない。また予算のうち歳出のみを審議して議決する国も多い。歳入は税収見積であるこ

第1編　公共部門と予算会計制度

とから各税法の改正で行われる。

　政府の予算を民間企業の予算である事業計画書と比べると，企業では予算はあくまで見積書であり，変更するにしても法的な拘束性はもちろんない。これに対して政府の事業計画書である予算は，行政（米国は議会予算局）から議会に出される承諾請求書であって，議会で議決された予算は行政にその執行を義務づける財政統制として法的拘束力をもつ。したがって，年度開始前に議決された当初予算（本予算）は，議会の議決がなければ変えることはできない。仮に変える必要性が生じたときは，議会で再び補正予算として議決を経なければならない。また当初予算が議決されないまま新年度を迎えたときは，行政活動に支障をきたさないよう暫定予算を国は閣議で，地方は首長の権限により決定し執行することになる。このように予算は，強制的に徴収した租税を，あらかじめ民主的ルールに従ってその使途を決めるところに最大の特徴がある。また予算を1会計年度という期限を区切るのは，議会による定期的なチェックから要請されている。ただし，1年間とするかあるいはそれ以上の複数年とするかは議論の分かれるところである。

1―2　予算の特性―政治性と民主性―

　政府の経済活動は，全て予算にもとづいて行われる。したがって，予算をみれば財政の規模と政策の具体的な内容が分かる。また予算は，議会の議決を経なければ執行が認められない。これは国民から強制的に徴収する租税の使途に関しては，議会という民主的コントロールのもとにおくことを意味している。このことから予算は，極めて政治的な特性をもつ。それゆえ予算が政治的に決定された結果として，たえず赤字財政へのバイアスをもつという側面がある。わが国の1990年代の予算をみても，80年代の経験から財政再建こそ優先されるべき政策スタンスであったはずなのに，政権は景気対策を優先して財政赤字を膨らませてきた。まさに，日本の予算政治を分析したJ.キャンベルの著書『予算ぶんどり―日本型予算政治の研究』（小島・佐藤訳，サイマル出版会，1984年）が言い当てている。とはいえ，この財政赤字は民主的ルールで決定されて

いるので，国民の選択の結果でもある。

1—3　予算の機能と予算原則

予算には機能として次の3つがあげられる。
①**議会による民主的統制機能**：予算を議会という民主的コントロールのもとにおくことで国民の意思を反映させる機能をもたせること
②**行政に対する財政統制機能**：議会で議決した予算の内容について行政へ執行を義務づけることにより財政統制を行うこと
③**民間経済に対する経済政策機能**：財政の役割を具体的に表した予算をとおして政策の効果を期待すること

次に予算には運営上の基準として以下の予算原則がある。
①**総計予算主義の原則**（完全性の原則）：予算には一切の収入および支出の総額が計上されるべきであって，特定の収支項目についてその差額のみを計上すべきでない
②**単年度主義の原則**：予算は1会計年度限りとする
③**会計年度独立主義の原則**：会計年度毎に歳入歳出の区分をしなければならない
④**単一性の原則**：全収支は総合的に単一の予算に計上されるべきである
⑤**明瞭性の原則**：予算は明瞭で分かりやすいものでなければならない
⑥**事前性の原則**：予算は執行の前に議会の議決を受け成立していなければならない
⑦**公開制の原則**：予算は国民に分かりやすい形式で公表しなければならない

以上の予算原則を立法上から要請されているものについてみると，総計予算主義の完全性の原則は，財政法第14条「歳入歳出は，すべて，これを予算に編入しなければならない」の規定に基づくものであり，議会で議決を要求する事前議決の原則は，憲法第83条「国の財政を処理する権限は，国会の議決に基づいて，これを行使しなければならない」とする規定から要請されている。また1会計年度限りとする単年度主義の原則は，憲法第86条で「内閣は，毎

会計年度の予算を作成し，国会に提出して，その審議を受け議決を経なければならない」と規定し，財政法第11条で「国の会計年度は，毎年四月一日に始まり，翌年三月三十一日に終るものとする」と定め，4月からの1会計年度を規定している[1]。会計年度毎に歳入歳出の区分を要求する会計年度独立主義の原則は，財政法第12条が「各会計年度における経費は，その年度の歳入を以て，これを支弁しなければならない」とし，公開を求める公開性の原則は憲法第91条で「内閣は，国会及び国民に対し，定期に，少くとも毎年一回，国の財政状況について報告しなければならない」との規定からである。

また財政理論から要請されている原則としては，予算の内容が明瞭であるとする明瞭性の原則，総計予算主義である完全性の原則，予算の見積もりの正確性を要求する厳密性の原則などがある。

これらの予算原則は，予算の執行上行政の統制に力点をおいて定められたものである。そのため，予算に計画性を求めれば単年度主義の原則は妨げになることもある。また予算原則は，行政への裁量権を認めてより柔軟に財政運営を行えるよう検討すべきという意見もある[2]。予算原則も予算改革とともに，合法規性より現実対応的な観点から定めることが必要となっている。

2　政府の予算制度

2−1　国の予算制度

予算制度は，法令により定められている。一連の予算過程と種類，構成内容を法令に従って国の予算から説明しよう。

2−1−1　予算過程—編成・執行・決算—

予算過程（循環）は，行政府が予算案を準備する編成過程，予算案を議会で審議・議決する過程，議決した予算を行政府が執行する過程，そして執行した予算の結果を決算してまとめ検査を受けて議会に報告する過程，からなる。

編成：憲法第73条5号および第86条で内閣が予算の編成を行うことを規

第2章 政府の予算会計制度

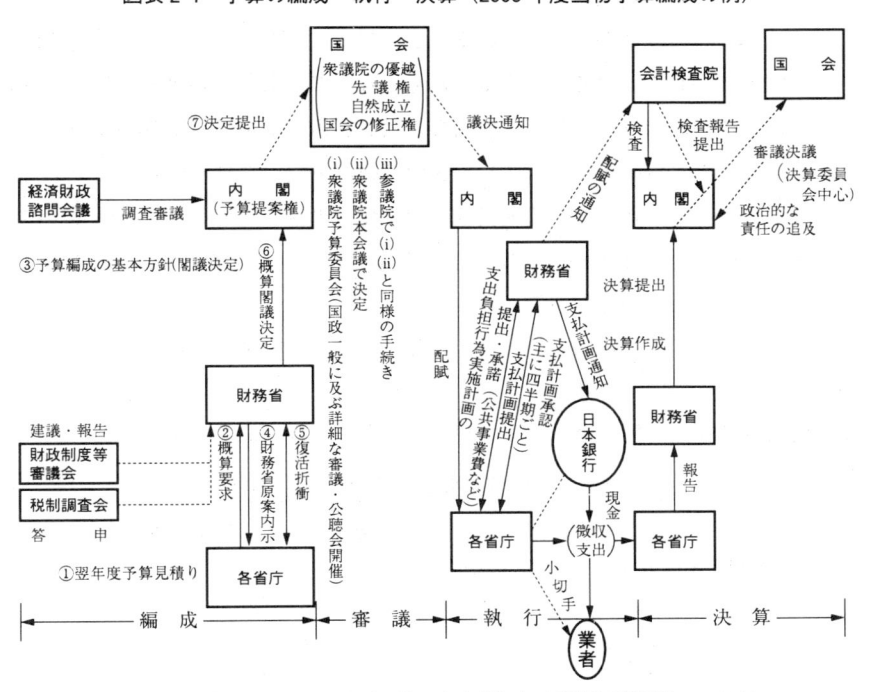

図表 2-1 予算の編成・執行・決算（2009 年度当初予算編成の例）

出所：福田淳一編著『図説日本の財政（平成21年度版）』東洋経済新報社，2009年。

定している。具体的作業は財務省が行い，審議は憲法第 60 条で衆議院の予算先議権を規定している。

執行：主に会計法が支出負担行為，支出，支払いを規定している。支払いは国庫統一主義。国庫金の受取と支払いは原則として全て日本銀行の国の預金口座を通じて小切手の振出で行われる。剰余金が生じた場合には翌年度の歳入に繰入れる（財政法第 41 条）

決算：各省庁の長は財務大臣に決算報告書を 7 月 31 日までに送付し，これを 11 月 30 日までに会計検査院に送付する。会計検査院は調査の上，次の通常国会に提出して議決を受ける。

2—1—2　予算の種類

予算は単一性の原則から1つであることが望ましいが，行政サービスの多様化に対応して会計を分けて経理することも行政効率の面から必要とされ，一般会計のほかに法律で特別会計と政府出資の政府関係機関を設置することが認められている。これらの予算はいずれも国会の議決を受けなければならない。

予算は国会の審議状況や社会経済情勢の変化に迅速に対応し，また予算の内容や規模等に変更を加える必要性が生じる場合に備えて，本（当初）予算のほかに暫定予算，補正予算がある。

予算の内容は，予算総則，歳入歳出予算，継続費，繰越明許費および国庫債務負担行為からなっている。

一般会計予算：一般行政サービスや公共事業を経理する最も基本的な予算

一般会計歳入歳出予算概要（2010年度当初予算）

歳　　入		歳　　出	（百万円）
租税及び印紙収入	373,960	国　債　費	206,491
その他収入	106,002	地方交付税交付金	174,777
公　債　金	443,030	一　般　歳　出	534,542
		そ　の　他	7,182
合　　計	922,992	合　　計	922,992

特別会計予算：特定の事業を営む場合等に特定の収入をもって特定の支出に充て，一般の歳入歳出と区別して経理する必要がある場合に限って特別会計を設けて経理する予算

特別会計一覧（2010年度当初予算18会計）

	（百万円）
特別会計歳出総額	367,073,786
特別会計の会計間取引額	55,132,109
特別会計内の勘定間取引額	27,644,188
一般会計への繰入額	5,302,328
国債整理基金特別会計における借換償還額	102,610,854
純　　計　　額	176,384,308

出所：財務省資料。

① 事業特別会計（13）

(企業) 国有林野事業特別会計

(保険事業) 年金特別会計，地震再保険特別会計，森林保険特別会計，労働保険特別会計，貿易再保険特別会計，農業共済再保険特別会計，漁船再保険および漁業共済保険特別会計

(公共事業) 社会資本整備事業特別会計

(行政的事業) 登記特別会計，特許特別会計，食料安定供給特別会計，自動車安全特別会計

② 資金運用特別会計（2）

財政投融資特別会計，外国為替資金特別会計

③ その他（3）

交付税及び譲与税配付金特別会計，国債整理基金特別会計，エネルギー対策特別会計

政府関係機関予算：特別の法律で設立された政府全額出資の法人で，予算について国会の議決を必要とする機関の予算

政府関係機関予算（2010年度当初予算）

	収 入	支 出 （百万円）
沖縄振興開発金融公庫	25,455	21,313
株式会社日本政策金融公庫	1,953,734	3,008,749
独立行政法人国際協力機構有償資金協力部門	220,425	105,267
合　計	2,199,614	3,135,329

・沖縄振興開発金融公庫（沖縄開発のための資金供給）
・(株)日本政策金融公庫（外国を含めた経済発展のための資金供給）
・独立行政法人国際協力機構有償資金協力部門（開発途上国向けの有償資金供与に係る協力等）

本予算または当初予算：国会の審議・議決を経て年度開始前に成立する予算

暫定予算：本予算が年度開始までに成立しない場合に予算が成立するまでの

間の必要な経費の支出の見積もり

補正予算：本予算執行の過程で本予算に変更を加える場合に組まれる予算

2—1—3 予算の内容

予算の内容は，予算総則，歳入歳出予算，継続費，繰越明許費および国庫債務負担行為からなっている。

- **予算総則**：総括事項，公債・借入金の限度額など財政運営に必要な事項，予算の執行に必要な事項を定める
- **歳入歳出予算**：予算の本体。なお歳入とは，一会計年度における収入の全てで主管官庁別に分類され，歳出とは，一会計年度における一切の支出で所管官庁別に分類される
- **継続費**：単年度主義の例外で，工事等の事業で完成に数年度を要するものについて経費の総額，年割額を定めて議決を受けて支出できる経費。年限は5年以内
- **繰越明許費**：歳出予算繰越の一種で年度内に支出が終わる見込みのないものにつきあらかじめ国会の議決を経て翌年度に繰り越して使用できるとした経費
- **国庫債務負担行為**：法律や歳出予算もしくは継続費によらないで国が債務を負担する場合に事前に国会の議決を求める形式

2—1—4 予算の区分と科目

歳入歳出予算の科目については，明瞭性の原則から国民にとって分かりやすくあるべきだが，旧来の名称が使われ必ずしも明瞭ではないところもある。予算の区分は，予算の執行責任を明確にするために，歳出予算については「所管」さらに「組織」，歳入予算は「主管」にそれぞれ分類される。なお所管とは，各省庁等の長が予算執行の責任を負う範囲を示すものであり，主管とは単に歳入の管理を行う範囲を示すものである。

歳出予算の科目は，所管別，組織別それに目的別の項に区分され，ここまでが議決の対象となる議決科目である。項の下に目の科目が設けられているが議決対象とならない行政科目である。歳入予算の科目は，主管別，部，款，項ま

でが議決科目であり，目と目の細分が行政科目である。

2—2 地方の予算制度

　地方の予算制度も基本的には国と同じであるが，若干異なるところもあるのでその点を中心に説明しよう。

　はじめに予算過程をみると，基本的には国と同じように行政府で予算の編成，立法府である議会で審議・議決，そして議決された予算の行政府での執行，そして決算とその検査に至るまでの過程である。

　地方の予算過程は，編成作業は10月頃から始まり，予算編成の基本方針等はとくに策定されないが，首長の政策が強く反映されることもある。作業は財政部局が行い予算案をまとめて議会へ提出する。提出権は首長に属している。議会での審議・議決を経て次年度予算が成立し，年度末で予算を締め切り決算をまとめる。決算は監査委員の監査を経て議会に提出されるが，ここでは議決の必要はなく認定である。なお認定が否決されても決算に法的な影響はない。

　地方議会で審議される予算の内容（構成）については，地方自治法第215条に予算の内容として，歳入歳出予算（予算の本体），継続費（工事等の複数年にわたる経費の総額および年割額を規定），繰越明許費（翌年度に繰越して使用できる経費を規定），債務負担行為（複数年にわたる契約等に基づく債務負担の限度額を規定），地方債，一時借入金，歳出予算の各項の経費の流用が定められている。これらは議決される予算であり，とくに年度を超えて支出される継続費，繰越明許費，債務負担行為は，会計年度独立主義の例外であるため個別に示される。また継続費は，明治憲法において軍事費を例外として扱うために制定された経緯から現憲法にはなく，地方自治法（国は財政法）において認めているものである。

2—3　予算編成の新たな展開

　予算は，最終的には議会の議決でその効力をもつのであるが，そこまでに至る編成過程は極めて技術的であり専門的である。そのため，これまで政府は閣議で予算編成方針（シーリング）を決めるが，細部の見積もりとその根拠法等

図表 2-2　国の予算編成の流れ

2009 年度予算まで	2010 年度予算
7月頃　経済財政諮問会議「基本方針」 　　　「一般会計概算要求基準」閣議決定 　　　各省概算要求	
9月〜　財務省予算編成	9月　内閣発足　政治主導の予算編成 　　　行政刷新会議設置 　　　（事業仕分け）
12月　「予算編成の基本方針」閣議決定 　　　財務省予算原案 　　　（事務折衝・閣僚折衝） 　　　政府予算案決定 　　　↓内閣から国会へ提出	12月　政府予算案作成 　　　↓内閣から国会へ提出
1月　国会政府予算案審議	1月　国会政府予算案審議

にまではチェックが及ばなかった。行政（財務官僚等）が編成する予算は，政治とともに，前述のように共有資源問題や"予算ぶんどり"の課題を抱えながら決められてきた。

こうした課題に対処するため，2009年9月にスタートした民主党政権は，予算編成を政治主導によって進めてきた。新たな予算編成は，内閣府に新設した行政刷新会議（首相議長）が中心となり，これまでの予算を見直すための「事業仕分け」を行った。事業仕分けは，「構想の日本」が地方自治体で実施してきた外部の"仕分け人"による事務事業の見直しであり，住民も参加して行政サービスの洗い直しを行うものである。

事業仕分けの結果は強制力をもつものではないが，予算編成にあたっては最大限反映させることとされた。国で最初に行われた事業仕分けは，メディアでも大きく取り上げられ国民も大きな関心を向けたところであるが，予算編成期間が短かったことや準備不足もあり，仕分けによる予算削減効果はそれほどみられなかった。しかし，これまでの硬直的な予算編成を転換させたことは確かである。今後は政治が決めた予算を，透明性をもって検証していく仕組みを予算編成の中に確立することが重要である。

第2章 政府の予算会計制度

3 公会計制度の推移と現状

3－1 公会計制度の推移

　わが国の財政と会計は，ともに福澤諭吉によって扉が開かれたとみることができる。福澤諭吉は1869（明治2）年に『財政論』を著し，1973（明治6）年に『帳合之法』（Common School Book-Keeping）を訳している。前者の"財政"という用語は福澤の造語とされるが，ここでは民間経済を論じ，今日の財政を直接は意味してはいないもののそこに通じる開明書であった。後者は西洋複式簿記書の翻訳であり，国立銀行の創設等において貴重な参考書となった。両書ともわが国の近代国家創設期においていて多大な貢献をしたことは間違いなく，公会計もこれに影響を受け，早くから西洋会計技術を導入して公会計制度が創設されてきた。

　明治憲法が制定される以前の公会計は，大蔵省出納条例そして太政官達などが規定していたが，そこでの特筆すべきことは，国立銀行をはじめ中央官省院および府県において複式簿記を採用していたことである。当時，公会計に複式簿記が採用されていたのは，大蔵省で招いたポルトガル人ブラガの指導によるものとされている[3]。ブラガは，全官庁に近代会計技術を講じ複式簿記の普及に努めた結果，1877（明治9）年に制定された大蔵省出納条例には「ブックキーピング」に従い複式簿記の記帳を規定し，1879（明治11）年の太政官達では「金銭出納簿記ノ儀明治十二年七月ヨリ複式式ニ改正」という通知を出していた。ここでは歳入出予算の統制を複式簿記で行わせ，予算を簿記組織に組み入れた記帳体系ができていた。また当時，官吏登用試験に簿記が課されていた事情もあり，官庁簿記に関する多くの書物が出されるなど公会計の複式簿記が研究されていた[4]。

　明治初期に公会計で採用していた複式簿記は，明治憲法とそれに続く会計法の制定で終わりとなった。明治憲法は，プロシアあるいはフランスに範をとって草案されたのであるが，プロシアはもともとカメラル会計（単式簿記）で

あったことに加えて，財務事務が年々膨大となる中で煩雑な複式簿記を採用することの積極的な意味が公会計には見出せなかったものと考えられている。またフランス会計法典を範とした会計法も複式簿記は規定していなかった。以降，現在に至るまで，公会計は会計処理基準として現金収支のみを経理する現金主義と単式簿記の記帳方式が採用されてきたのである。

3－2　予算決算の会計単位

わが国の予算会計は，国・地方とも一般行政を経理する一般会計と特定の収入で支出をまかなう特別会計などそれぞれ事業実体別の会計単位として予算が組まれている。これに対して英米の予算は，政府毎の事業実体の会計単位ではなく，資金に注目した基金(Fund)を会計単位として予算が組まれる。Fund 会計では，アメリカ連邦政府は租税で一般行政を経理する Federal Fund や社会保険等のために信託された資金を経理する Trust Fund などがある。したがって，わが国の予算と英米の予算は，その会計単位の括り方が異なっている。しかし，財政実体としてみれば大差はなく，Federal Fund は一般会計，Trust Fund は特別会計として国民経済のなかでその規模を比較検討することができる。

〈注〉

1) 会計年度は国によって異なる。4月からの国はイギリス，カナダ，インドなど。1月からの国はドイツやフランス，イタリア，ロシア，中国，韓国などである。アメリカは10月，オーストラリアは7月である。
2) 予算原則を実際の運営上の観点から提案したものがある。アメリカの予算局長であったハロルド・スミスは，行政運営上の予算原則として，①予算計画の原則，②予算責任の原則，③報告の原則，④手段具備（権限と人材）の原則，⑤多元的予算手続きの原則，⑥政府の予算裁量の原則，⑦時期弾力性の原則，⑧複線的機構の原則，をあげている。予算原則については，木村元一『近代財政学総論』（春秋社，1958年，118-120ページ），神野直彦『財政学（改訂版）』（有斐閣，2007年，第7章）を参照。
3) 明治期の公会計については，花田七五三『官庁会計』（東洋出版社，1934年），安達智則『バランスシートと自治体予算改革』（自治体研究社，2002年）などに詳し

い。
4) しかし当時の公会計に詳しい会計学者・久野秀男はこうした状況を評価はしておらず「損益計算の要請のない「非企業体」の会計に、複式簿記を採用すべき必然性もなければその必要性もない」と述べている。久野秀男「会計制度史比較研究」（学習院大学，1992年）

<参考文献>

河野一之『新版・予算制度』学陽書房，1987年。
隅田一豊『入門公会計』税務経理協会，2001年。
神野直彦編『財政学（改訂版）』有斐閣，2007年。
山本清『政府会計の改革』中央経済社，2001年。
『図説日本の財政（平成21年度版）』東洋経済新報社，2009年。

第3章

予算会計制度の課題と改革への取組み

　1980年代頃から各国は市場主義をベースにした行財政改革を進めてきた。財政の効率化・有効化を徹底的に追求した改革は，予算会計制度も大きく変えてきた。公会計が官庁会計に代わって登場してきたのもこうした改革からである。予算会計制度の課題とともに改革の取組みをみよう。

1　予算制度の課題と対応

1—1　予算の政治性とアカウンタビリティ

　予算の課題の第1は，その政治性に求めることができる。予算は前章で述べたように，政治闘争の場であるがそのこと自体に問題はない。問題なのは，行政を含めて政治が予算を公正に責任をもって決めているか否かを明らかにせず，結果として財政規律を喪失していることである。複雑な財政システムで予算の意思決定プロセスは不明瞭で国民に分かりにくい。また不明瞭さゆえに，政治が特定の利害にコスト意識なく予算配分して財政赤字をもたらしてきた。これは共有資源問題とも呼ばれ，集められた税はいったん共有資源としてプールされ，そこから政治家や行政官庁などの利害関係者が負担意識なくできるだけ予

算を獲得しようとするため過剰な支出をもたらすというものである[1]。共有資源問題への対応としては，意思決定における権限の集中化と透明性の向上，それに執行部門の分権化と責任の明確化が必要とされる。予算に関わる多元的利害を調整するには，意思決定の責任者に権限を集中して責任を明確にするとともに，予算の執行部門に裁量権を与えて分権化する戦略的意思決定プロセスの構築がこうした課題への対応となる。

1—2　予算形式の課題

　課題の第2は，予算に内在するものである。その1つ目は，行政特有の予算科目の区分にある。予算区分が住民に分りにくいのは，予算科目が組織別や行政目的別だからである。予算科目はもともと議会が財政監督権を行使するのに適切であるよう行政別に区分したもので，住民に向けた予算表記ではない。行政目的別に編成される予算は，事業の計画性や効率性という面から機能しえない。こうした課題への対応として，事業別予算ないし業績予算（Performance Budget）が開発されてきた。業績予算は，事業計画に基づいて予算を機能別に編成し事業単位に業績目標と費用を対比して策定するもので，長期計画と単年度予算を目標毎にコスト・ベネフィット分析をとおして最適な事業を選択するものである。しかしこれらの業績予算は，業績評価の困難さや最終的には事業目的を行政目的別に組み直さなければならず煩雑であるため，定着には至らなかった[2]。その後，業績予算は予算をより直接的に押さえ込むゼロベース予算（会計年度毎に全ての事業計画をゼロから査定）やサンセット方式（全ての事業計画に継続年限を設け必要性が認められた事業のみ継続），あるいはシーリング（予算全体の規模を一定の基準に抑える）へと展開した。

　予算に内在する2つ目の課題は，予算が単年度毎の事業計画書であることに起因する。中長期にわたる公共事業等の計画的な建設は，単年度予算では有効に機能しえない。また予算原則でも述べたように，予算は当該年度の歳入で歳出をまかなう会計年度独立主義が定められているため，原則として年度を超えて支出することができない。そのため，執行過程で節減しても年度内に消化せ

ざるをえず，効率化のインセンティブが生じない。

　これらに対して，予算に計画性をもたせるために財政計画が予算とともに作成されてきた。イギリスでは1961年からプラウデン委員会報告の提案を受けて，財政計画である「公共支出調査」が策定され始め，ドイツでも1966年から財政改革委員会（トレーガー委員会）の勧告により財政計画が導入されてきた。わが国も1981年より「財政の中期展望」が参考として発表されていたが，財政計画は予算と明確にリンクしているわけではなく，実効性からはそれほど効果がみられなかった。

　また予算の計画性は主として資本的支出に関連することから，予算を資本予算と経常予算に分ける複式予算が導入されてきた国もある。スウェーデンでは1937年から経済学者G.ミュルダールの提案により複式予算が採用されるなど，北欧では早くからこうした予算が導入されていた。複式予算では，経常予算は単年度の均衡を求めるが，資本予算は複数年度の均衡を認めて財政政策と整合的に運用ができるメリットがある。なお，複数年度の均衡を認めるには，単年度予算から複数年度予算へと改める必要があるが，単年度予算でもわが国においては次年度以降の支出を認める継続費や繰越明許費などがあり，イギリスにも資本的支出等の繰越制度（end year flexibility）がある。単年度に制約される問題ならこうした措置で対応も可能である。しかし，予算を中長期的な財政政策や公共事業と整合性をもたせて管理するなら，人件費等の経常的経費も含めて繰越を認める必要があり，そうなれば単年度予算では対応できない。そのため複数年度予算が求められることになる。ただし，複数年度予算の実施は国会の議決による複数年にわたる歳入歳出権の付与を意味するため，単年度の議決を要求する単年度主義には反することに留意しておく必要がある。

2　会計制度の課題と対応――予算決算から会計決算へ――

　予算決算とは，予算と対比してその執行結果を決算としてまとめるものであ

る。これに対して会計決算とは，予算とは関係なく会計記録から決算をまとめるものである。予算決算では予算に重要な意味があり，予算の執行結果を確認するのが決算の目的となる。一方，会計決算は会計記録から財政状態や経営成績を明らかにするためにバランスシート（貸借対照表）や損益計算書などの財務諸表を作成することになる。予算決算では単式簿記・現金主義会計でも可能であるが，会計決算は複式簿記・発生主義会計が前提となる。

わが国の決算は予算決算である。毎年度決算として公表される「歳入歳出決算書」は，当初予算に補正予算を加えて決算として作成され，行政目的別に集計されている。この予算決算は，現金主義会計であるため会計記録は現金フローのみである。したがって，例えば自治体の予算などでは庁舎の人件費と建設費はともに総務費として同じ費目に集計される。いずれも費用であって，庁舎の建設費も資産としては認識されず，決算書に庁舎のストックとしての在高は金額では全く計上されない。また費目の区分にしても，総務費や衛生費，民生費などは行政目的別で内容がわかりにくく，さらに性質別の集計でも事務用品費とアウトソーシングの費用がともに物件費に集計されるなど，経費の特性を考慮することなく混同して集計されている。

予算決算がもつ限界は，公会計からの制約でもある。現金主義会計では，基本的には会計決算を行うことができない。そこで1990年代から欧米先進諸国で公会計に発生主義会計を相次いで導入する公会計改革が行われてきた。わが国もこうした動きに追随すべく，1999年2月の経済戦略会議の答申で発生主義会計への転換が提言され，2003年6月の経済財政諮問会議の「基本方針2003」では新しい予算編成プロセスの確立とともに，発生主義への公会計改革が基本的考えとして示された。また2003年1月に財務省主計局内に公会計室が新設され，財政制度等審議会にも公会計基本小委員会が設置されるなど，政府も公会計改革へ向けた動きが本格化してきた。

ここでの公会計改革は，現金主義会計から発生主義会計への転換であり，その前提として記帳方式を単式簿記から複式簿記へ替えることである。しかし，発生主義は会計学では当然のこととして会計技術の発展とともに進化してきた

が，公会計論ないし財政学では，発生主義会計への転換がわが国の予算制度でどう機能しどういう意義があるのかは必ずしも説明づけられていない。

公会計における発生主義会計の導入は，もちろんそれが目的なのではなく，予算の効率化や有効化に資するような有用な会計情報を提供することにある。とくに今日の行財政改革に際しては，次節で述べるような理論を用いて新たな制度として改革しなければならない。

しかし，収益概念がなく市場性のないインフラ等を評価する公会計においては，発生主義がどういう意義をもつかは企業会計とは全く異なる。公会計における発生主義は，あくまで政府が経済活動を行う財政というベースでその意義を考えなければならない。会計学で発生主義は当然のこととして企業会計の前提とされているが，財政学ではまだ十分な議論がされていないのが現状である。後の章でみるように，国に先立っていくつかの自治体では発生主義会計により財務諸表の作成がなされているところであるが，それらが予算編成への活用までに至っていない理由もここにあろう。今後，発生主義予算決算へと展開すれば，財政学でも発生主義公会計の意義と機能を明確にしておく必要がある。

3　公共経営理論の行財政改革

3－1　新公共経営の理論

1990年代は新公共経営ないし新公共管理（New Public Management：NPM）に関する書物があふれていた。いまやNewではないが，公共経営の考え方はいまだ息づいており，内容を若干変えながらも現在の行財政改革のベースになっていることに変わりはない。

NPMについては改めて説明するまでもないが，簡単にまとめておくとその思想は，①公共部門における個々の専門的マネジメント，②業績の明確な基準と測定，③アウトプットによる統制の重視，④公共部門における事業単位への分割，⑤公共部門の競争重視，⑥民間部門の実践的マネジメントの重視，⑦資

源利用において規律と倹約の重視，と説明できる。わが国では「アングロサクソン系諸国を中心に行政実務の現場を通じて形成された革新的な行政運営理論である。その核心は，民間企業における経営理念・手法，さらに成功事例などを可能なかぎり行政現場に導入することを通じて行政部門の効率化・活性化を図ること」とまとめられている[3]。ここでは理論からの演繹ではなく，実務からの帰納によるものであり，その点では実践的であり説得的でもある。

3—2　NPM による予算・財政マネジメントの仕組み

　NPM は，理論的には新古典派経済学が公共部門の特殊性を解き明かすことに行き詰まるなかで，制度派経済学がゲーム理論など数理経済学からの支援を得て，住民と議会，閣僚と官僚などを依頼人と代理人の契約関係におき依頼人のリスク等を分析するエージェンシー理論，組織間の取引費用の最小条件を求める取引コスト理論，あるいはウェーバー官僚論を否定し官僚は利己的で関係する予算を極大化すると論じる部局極大化理論，さらには，民主政治が赤字財政を生むとする公共選択論など新たな制度派経済学を拠りどころにまとめられたものである。これらは，公共部門の独占性や情報の不完全性あるいは権力的支配性といった特殊性をできるだけ市場メカニズムに当てはめるように，行政内部や住民との関係を契約関係とみなし官僚行動を特定した上で非効率の問題を解決していく理論である。

　また新制度派経済学は，ケインズ理論も主張した政府は賢者であるということを前提とせず，官僚や政治家も国民と同様に利己的であることから論じそこでの最適条件を導き出していくことに特徴がある。それゆえ，新制度派経済学を理論的背景とする NPM の政府は，ガバメント（統治）ではなくガバナンス（協治）であるということができる。

　NPM の柱の1つが業績/成果による管理運営である。これは従来の〔予算→執行〕の単年度単位のインプット・コントロールによる予算編成を〔予算（Plan）→執行（Do）→決算：評価（See）→予算→……〕ないし〔計画（Plan）→実施（Do）→結果・成果分析（Check）→改善（Action）→計画……〕という

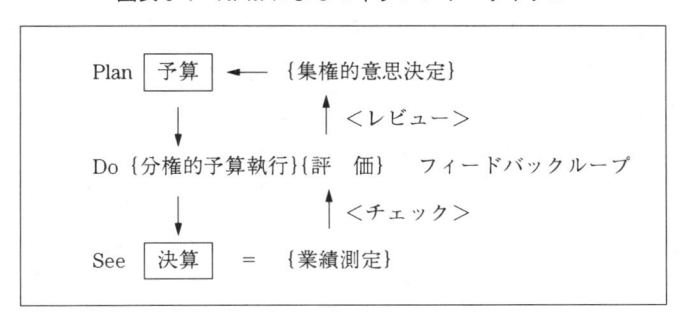

第3章　予算会計制度の課題と改革への取組み

図表3-1　NPMによるマネジメント・サイクル

```
Plan  予算  ←──  {集権的意思決定}
  │              ↑    <レビュー>
  ↓
Do  {分権的予算執行}{評　価}    フィードバックループ
  │              ↑    <チェック>
  ↓
See  決算  ＝  {業績測定}
```

アウトプットからアウトカムを評価して，それを次年度以降の計画に反映させる連続した管理の連環，すなわちマネジメント・サイクルへと変えるものである。ここでは，結果・成果を評価するための業績測定が必要となる。行政サービスの業績測定は，サイモン等の研究以来英米の先進自治体で実践的に研究開発されてきたが，今日の発展は公会計改革を同時に進めてきたことである。業績測定の困難さは今日でも変わらないが，より精緻で有用な会計情報を提供するために発生主義会計を公会計に導入したことは，行政サービスの評価に大いに貢献していることは確かである。

4　公共経営による予算会計改革

4－1　予算・財政マネジメントと発生主義予算決算

　NPMに基づく予算改革で最も重要なことは，従来の予算のように，事前のインプット・コントロールではなく事後のコントロール（マネジメント・サイクル）へと予算管理システムを再構築することである。すなわち，予算による執行の結果を業績測定等を通じて評価し，これを次の予算に反映させるフィードバック・ループをつくり，業績により管理するという予算・財政マネジメントを構築することである。ここでは業績測定によるチェックとその結果を踏まえ

て，より良い意思決定へとつなげるレビューが行われている。その際，より適正にチェックするために発生主義会計が公会計に必須となり，発生主義による予算決算，すなわち発生主義予算決算が予算・財政マネジメントの要となって機能するのである。

　発生主義予算とは，予算配分を発生主義の考え方で決定するものである。現行の現金主義予算は，事業に必要な資金を現金で計上するが，発生主義予算は必要な資金を資源で表すことになる。ここでの資源とは，現金に加えて事業に伴って発生する非現金支出のコスト（発生コスト）も必要な資源と捉える。例えば，公民館サービスは，維持するための運営費に加えて建物の減価償却費を事業の経費として認識する必要がある。発生主義予算では，こうした減価償却費等を含めたフルコストが予算として計上されるのである。これにより民間とのコスト比較が可能となり，指定管理者制度や市場化テストの検討に有益な会計情報を提供することができるとされている。

4－2　NPMによる予算会計改革

　NPMの予算会計改革を各国の行財政改革の共通点に沿って説明するならば，業績や成果による統制と市場メカニズムの導入による予算制度の再構築といえる。具体的には，予算の執行結果が業績測定を通じて評価され，これを次年度の予算に反映させることで，行財政の健全化や効率化が図られる。その際，より良い意思決定を行うためには，執行結果や成果を適正に分析しなければならず，この分析を行うための手法が発生主義会計であるともいえる。

　つまり，NPMによる予算会計改革は，発生主義会計に代表される市場メカニズムを適用することによって業績/成果によって効率的に意思決定を行うような予算・財政マネジメントの確立を目的とする。

　予算・財政マネジメントについて従来の伝統的なモデルとNPMによるモデルとを比較すると図表3-2のように表せる。NPMによる予算・財政マネジメントの確立には，発生主義会計に代表される市場メカニズムの導入の他にいくつかの要件を必要とする。例えば，ルールに基づく財政運営とは，政府の借入

図表3-2　予算・財政マネジメントの比較

伝統的モデル

1. 財政運営
   ①裁量的な財政運営
   ②単年度で収支バランス（短期的）
   ③楽観的な経済見通し
   ④情報の非公開

2. 予算編成
   ①単年度予算
   ②積上げ（ボトムアップ）
   ③横並びの増分・減分主義（一律カット）
   ④Line-item（項目）予算
   ⑤強いインプット・コントロール
   ⑥財務大臣は他の大臣と「並列的」

3. 財務・会計
   ①現金主義会計
   ②予算執行の弾力性乏しい
   ③現金管理の監査

⇒

NPMモデル

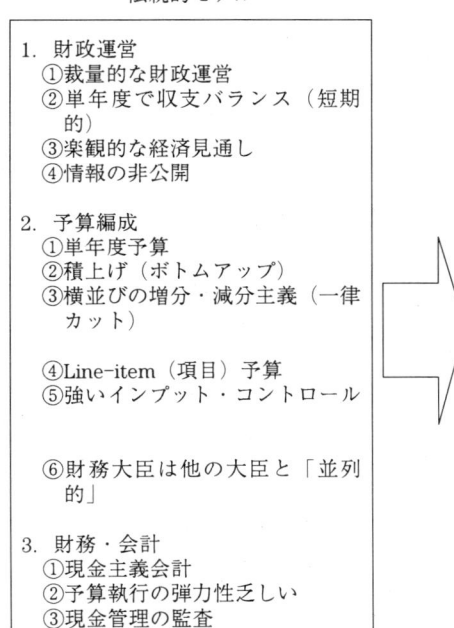

1. 財政運営
   ①ルールに基づく財政運営
   ②景気循環で収支バランス（中長期的）
   ③慎重な経済見通し
   ④説明責任の強化，透明性の向上

2. 予算編成
   ①複数年度予算（3～4年）
   ②シーリング（トップダウン）
   ③シーリングの枠内で優先順位付け（pay as you go原則）
   ④Global（一括）予算
   ⑤アウトプット・アウトカム志向（インプットの権限は省庁等に委譲）
   ⑥「階層的」（予算は総理と財務大臣を中心とする閣議で決定）

3. 財務・会計
   ①発生主義会計
   ②予算執行の弾力性高い
   ③政策評価，モニタリング

出所：財務省財務政策総合研究所「民間の経営理念や手法を導入した予算・財政のマネジメントの改革」報告書，2001年。306ページ。

や公債発行に関する財政規律を遵守した運営を行うということであり，英国や豪州では実際にそうしたルールに則った財政運営がなされている。

　また，これらの要件の中で予算会計改革にとって重要となるのが複数年度予算である。従来の予算のように〔編成→執行〕という単年度単位ではなく，〔予算（Plan）→執行（Do）→決算：評価（See）→予算→……〕ないし〔計画（Plan）→実施（Do）→結果・成果分析（Check）→改善（Action）→計画……〕といったマネジメント・サイクルとして予算過程を文字通りサイクル（循環）させるためには，予算を中長期的な財政政策や公共事業と整合性を持たせて予算管理しなければならず，そうなれば複数年の計画が前提となることは先に述べたとおりである。ただし，ここでいう複数年度予算とは複数年にわたる歳入

歳出権の付与ではなく，複数年の支出計画ないし財政計画を，合理的に単年度予算のなかに組み入れ，他方で予算の執行過程で複数年度計画の当初予測を必要な程度に修正することを意味する。もっとも，計画は予算と違い，執行が義務付けられるものではない。したがって，複数年の計画には，単年度予算に対する拘束性を持たせる必要がある。

また，マネジメント・サイクルがうまく機能するためには，予算へ反映させる基準となる業績をどう測定するかが問題となる。公共経営論でいう業績の評価基準は，経済性（Economy），効率性（Efficiency），有効性（Effectiveness）の3つのEで説明される。経済性とは，産出（Output）を一定として投入（Input）の最小化を図ることであり，効率性とは投入を一定として産出の最大化を図ることである。有効性とは，産出を通じた成果（Outcome）の達成である。この3つのEの観点から総合的に予算の執行結果を分析・評価し後年度の予算が編成されなければならない。もっとも，3つのEのうちどのEが優先されるかは事業によって異なる。したがって，3つのEによる評価については合理的かつ客観性を有した判断が必要となる。

業績の測定については公共部門特有の性質に注意して行わなければならない。NPMによる予算・財政マネジメントでは，市場メカニズムの導入という性質上，公共サービスをいかに安く供給できたかという点のみが効率化として捉えられがちになる。しかしながら，公共部門には，国民のニーズに合致した行政サービスを生産しているか否かという効率性も存在する。例えば，ニーズに合致していない行政サービスをいくら低コストで供給したとしても，それは非効率的だと言わざるをえない。

予算・財政マネジメントの実現には，国民の望む行政サービスが最小の費用で最大の効果を発揮するように供給されること，言いかえれば予算は財政支出の3つのEを保証することが重要となる。これをマネジメント機能とするならば，NPMによる予算は，前章で述べた予算の3つの機能の他にマネジメント機能を兼ね備えたものであるといえよう。

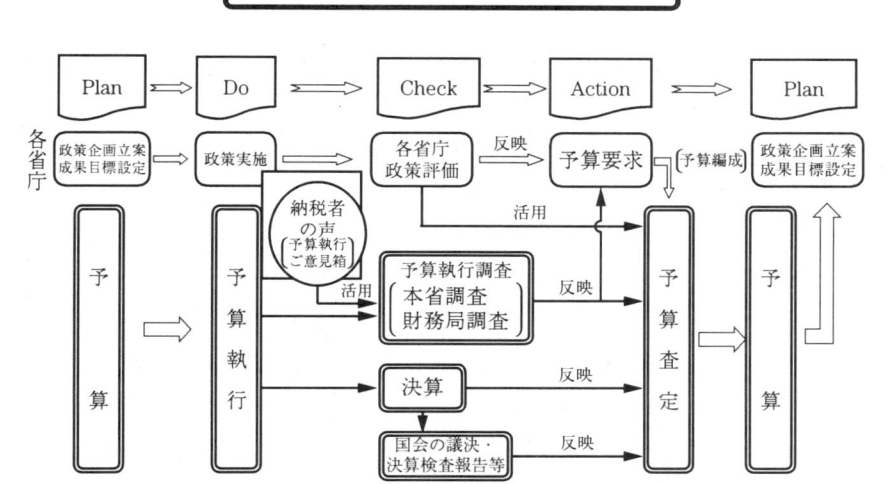

第3章　予算会計制度の課題と改革への取組み

図表3-3　予算のPDCAサイクル

予算の更なる効率化に向けたPDCAサイクル

```
各省庁　Plan → Do → Check → Action → Plan
      政策企画立案    政策実施    各省庁    反映  予算要求  予算編成  政策企画立案
      成果目標設定              政策評価                              成果目標設定

      予算          予算執行                              予算査定        予算
                   納税者の声
                   予算執行
                   ご意見箱
                   活用
                              予算執行調査    反映
                              本省調査
                              財務局調査
                                         活用
                              決算         反映
                              国会の議決・    反映
                              決算検査報告等
```

出所：財務省資料。

4－3　わが国の予算会計改革とPDCAサイクル

　わが国においても予算・財政マネジメントは予算会計改革のポイントとして位置づけられており，図表3-3のようなシステムによりマネジメント・サイクルの実施にむけて改革を進めているところである。

　図表3-3でみられるように，わが国ではPDCAサイクルを実現させる具体的な手段として，予算執行調査が行われている。これは財務省主計局の予算査定担当者などによる事業・制度の必要性に関して徹底的な検証をするものである。2007年度予算執行調査では，62事業について実施され，このうち7事業は事業の全部またはその一部を廃止が示された。ただし，予算執行調査には法的効力がなく，財務省の意向が反映されやすいといった問題点が指摘されている。

　PDCAサイクルを実現させるために有用なもう1つの手段は，議会による決算審査を充実させることである。決算審査の意義は，予算が執行された後，歳

入予算に比べて実際の収納はどの程度あったのか,歳出予算は不当または違法の事実なく予算の目的通りに執行され所期の効果を発揮できたか否かを調査・分析することであり,この結果を後年度の予算編成に反映させることにある[4]。しかしながら実際には,決算は議決を必要としない国会に対する単なる報告案件であり,予算と異なり法規範性をもたないため執行結果の確認にすぎない。そのため後年度予算への反映方法としては,警告決議等により政府に対して是正改善を要求する他はない[5]。

そこで,近年,決算審査機関である決算委員会を有する参議院において決算審査の充実に向けた取り組みが行われてきた。その結果,決算の早期審査のために決算書の国会提出時期が早められ,さらには決算が否認された以上更に警告を行うべきではないという意見に従って決算の承認時のみに付されてきた警告決議を,決算の承認・否認にかかわらず行えることとなった[6]。

NPMの考え方に基づく予算会計改革が進展することは,決算の重要性を再確認させ,予算編成偏重の傾向にあるわが国の予算制度の性質そのものを変えることになるかもしれない。そのためには,政府を形成する衆議院に対するチェック機能である参議院が,決算をとおして政府の責任を厳しく問い質す役割を担う必要があろう。

〈注〉

1) 共有資源問題の解説は田中秀明「ニュー・パブリック・マネジメントと予算改革:第2回」『地方財務』(2002年7月号,151ページ)を参照。
2) PPBSについては,政治的な視点から詳細に分析した大川政三『財政の政治経済学』(春秋社,1980年)が参考になる。
3) 大住荘四郎『ニュー・パブリックマネジメント―理念・ビジョン・戦略―』日本評論社,1999年,1ページ。なおNPMに関しては多くの解説書が出されているが政府の科学的管理手法をPPBSからNPMまで論じ各国の動向をまとめた文献として,国土交通省国土交通政策研究所『New Public Management―歴史的展開と基礎理論―』財務省印刷局,2002年が網羅的でわかりやすい。
4) 平井平治『予算決算制度要論』双珠社,1948年,255ページ。
5) 成嶋昭夫編『繰越・決算事務必携』大蔵財務協会,2007年,375-376ページ。

6)　参議院決算委員会調査室・奥井俊二「参議院の決算審査等について」，2007年。

<参考文献>

大住莊四郎『ニュー・パブリック・マネジメント―理論・ビジョン・戦略―』日本評論社，1999年。
兼村高文『ガバナンスと行財政システム改革』税務経理協会，2004年。
宮脇淳『公共経営論』PHP研究所，2003年。

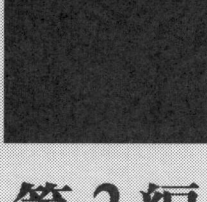

第2編

公会計と公監査の理論と制度

第4章

公会計の理論と課題

　会計はもともと利益獲得を目的とする企業会計が基本であるが，公共の福祉の増進を目的とする国や地方自治体の公会計に企業会計の発生主義・複式簿記を導入する意義はどこにあるのか。わが国の公会計における財務報告の目的，現金主義と発生主義のメリット・デメリットなどについて解説しよう。

1　公会計改革の動向

　1990年代初頭から主要先進国では，行財政改革の一環として政府の会計を従来の現金主義会計から発生主義会計へと改革してきた[1]。これに対しわが国・地方自治体では，いわゆる官庁会計と呼ばれる単式簿記に基づく現金主義会計で単年度の予算決算を行っており，明治時代から現在まで抜本的な会計改革は実施されていない。

　しかしながら，近年ようやくわが国においても発生主義会計の考え方を導入する動きが出てきた。東京都は2006年4月にわが国地方自治体初の試みとして，発生主義会計・複式簿記を全会計に導入した。また同年5月には，総務省の新地方公会計制度研究会が「新地方公会計制度研究会報告書」を公表した。

これを受け8月には，総務事務次官通知「地方公共団体における行政改革の更なる推進のための指針」が出され，取り組みが進んでいる団体・都道府県・人口3万人以上の都市は2009年度財務書類から，また，取り組みが進んでいない団体・町村・人口3万人未満の都市は2011年度財務書類から発生主義会計・複式簿記の考え方の導入を図り，財務4表（貸借対照表，行政コスト計算書，資金収支計算書，純資産変動計算書）の整備または作成に必要な情報の開示を行うことが要求された。

2　決算書としての財務報告の目的

2－1　政府と企業の違い

　企業は利益獲得を目的に株主から出資を募り，集めた資金で事業を展開し利益を配当という形で株主に分配する。資金提供者である株主は，資金提供の意思決定を自発的に行いうると同時に自由に退出することが可能である。つまり，株主は企業の経営（者）に不満や危惧を覚えれば，自らの意思で株式を売却することができる。これに対し政府は，税金および利用者料金を徴収し，福祉の増進を目的に国民・住民に多様な行政サービスを提供する。政府の主な資金提供者は税金を納める国民・住民であるが，国民・住民は税金を支払うか否かを自発的に決めることはできない。近年，地方自治体間のサービスを比較し，より良いサービスを提供する地方自治体に移動する住民も出てきてはいるが，移動に伴うさまざまな制約（住居移転等）を考えると，何処の自治体に税金を払うかという選択でさえ自由に行うのは難しい。言い換えれば，住民には行政サービスの水準に不満がある，あるいは，特定の行政サービスを利用しないという理由で税金の支払いを拒否する選択肢はない。ここが企業と政府の資金提供者との間で最も大きく異なる点である。

　企業も政府もともに，それぞれの資金提供者に対し委託された財の管理・運用を適切に行ったことを説明する責任，つまり，アカウンタビリティが生じる。

企業は株主に決算書類の承認を受けねばならず,さらに,市場から資金調達する取引所上場企業は詳細な情報開示が義務づけられている。政府も住民に対し,予算決算を公表・説明するが,政府が負うアカウンタビリティは,上述のように国民・住民の資金提供が非自発的であり,かつ退出の自由がないことから,企業が負うアカウンタビリティより重い責任であると考えられ,特にこれをパブリック・アカウンタビリティと呼ぶ。

2-2 アカウンタビリティ

米国では地方政府等の会計について,第三者機関の会計基準設定団体である公会計基準審議会(GASB)が設置されている。GASBは,地方政府等の財務報告の最上位の目的はアカウンタビリティであるとする。そして,アカウンタビリティとは,「自らの行動を説明する義務があること,自らの行動を正当化する義務があること」であり「政府が公的資源の調達と使用について市民に答えることを要求する」ものであると説明する。さらに,地方政府等は利用者がアカウンタビリティを評価し,経済的,社会的,政治的意思決定を行うのに役立つような情報を提供すべきであるとして,アカウンタビリティの下に図表4-1に示す9つの財務報告目的を掲げている。

最上位の目的のアカウンタビリティは,さらに財政説明責任と運営説明責任の2つに分かれる。財政説明責任とは,短期間(通常1年の予算サイクル)に公的資金を調達・費消することに関し議会の承認を受ける等,公的な意思決定に準拠して政府が活動を行ったことを正当化する責任をいう。一方,運営説明責任とは政府が利用可能な全ての資源を用いて効率的かつ効果的に運営を行ったかどうか,また政府が将来においてもその運営を行い続けることが可能かどうかを報告する責任をいう[2]。

2-3 非財務成果情報

運営説明責任を果たすために必要不可欠なのが,非財務成果情報である。国民・住民が提供されたサービスの経済性,効率性,有効性を評価するためには,

図表 4-1　地方政府等の財務報告目的

```
アカウンタビリティ ─┬─ アカウンタビリティの評価
                    │    1) 当年度の収入が当年度のサービスを行うのに充
                    │       分であったかどうかの情報を提供すること
                    │    2) 資源の獲得と使用が予算及びその他の法的要求
                    │       等に準拠しているか否かを明らかにすること
                    │    3) サービス提供努力, コスト, 成果を評価するの
                    │       に役立つ情報を提供すること
                    ├─ 年度の運営成果の評価
                    │    4) 財務資源の源泉と使用についての情報を提供す
                    │       ること
                    │    5) 活動資金をどのように調達し, また, 資金需要
                    │       にどのように応えたかの情報を提供すること
                    │    6) 年度の運営の結果, 財政状態が改善したのか否
                    │       かの情報を提供すること
                    └─ 提供できるサービスの水準と債務弁済能力の評価
                         7) 財政状態に関する情報を提供すること
                         8) 当期以降も使用可能な物理的資産及びその他の
                            非財務資源についての情報を提供すること
                         9) 資源に関する法律または契約上の制限及び資源
                            喪失の潜在的リスクを開示すること
```

出典：*Governmental Accounting Standards Board* (GASB), *Concepts Statement No. 1 : Objectives of Financial Reporting*, 1987. より作成

財務情報とともに, どのようなサービスがどれだけ行われたのかという非財務成果情報が必要となる。

　なぜ政府でアカウンタビリティ評価のために非財務成果情報が必要なのかは企業と比較するとよくわかる。企業の主たる目的は利益獲得であるためその主な業績測定尺度は利益となり, 業績報告は利益およびその内訳要素の測定による財務情報が主となる。これに対して政府の目的は, 福祉の維持または増大であるため, その業績は利益という単一の尺度で測定できない。政府の業績報告には, 提供したサービスの質・量という非財務情報とそれをいくらで提供したのかという財務情報の2つが要求される。

つまり，利用者が政府のアカウンタビリティを評価し，経済的，社会的，政治的意思決定を行う際に役立つ情報を提供するため，言い換えれば政府の業績を明らかにするためには，財務情報と非財務成果情報の両方が必要となるのである。

3 現金主義会計とは

3—1 測定の焦点と会計処理基準

　測定の焦点とは，会計上どのような資源を測定するかという測定対象をいい，会計処理基準とは，測定の焦点で決定された対象をどの時点で認識（会計上記録）するかという期間帰属の決定基準をいう。測定の焦点と会計処理基準の組み合わせおよび，それぞれの特徴を示したものが図表4-2である。

　現金主義会計とは，収益（収入）と費用（支出）をそれぞれ関連する現金収入と現金支出の時点において認識する方法をいい，図表4-2に示すように，資金収支計算書を作成するが貸借対照表と損益計算書は作成しない。そのため，未収金や未払金，固定資産，公債や退職給与引当金等を資産・負債として会計帳簿上認識しない。これに対し発生主義会計とは，企業会計で採用されている方法で，現金の受け払いとは関係なく収益・費用をその発生を意味する経済的事実に基づいて認識し，貸借対照表・損益計算書を作成する[3]。修正発生主義会計は現金主義会計と発生主義会計の中間的形態である[4]。

3—2 現金主義会計のメリット

　国や地方自治体は，現金主義会計を伝統的に採用してきた。その最も大きな要因は，予算が現金主義で作成されることにある。現金主義会計による財務報告は法的に承認された予算への準拠性を議会に説明でき，かつ，現金支出のモニタリングと次年度の予算策定に有用であるというメリットを有する。さらに，現金主義会計は詳細な会計知識を要しないという点で理解可能性が高く，政治

図表 4-2 測定の焦点と会計処理基準

会計処理基準	現金主義	修正発生主義	発生主義
測定の焦点	現金	流動財務資源	経済資源
特徴	収益(収入)・費用(支出)を関連する現金収入・現金支出の時点において認識する	1年以内のある一定期間(1年あるいは60日等)に現金の受け払いが見込まれる取引を認識する	現金の受け払いとは関係なく,収益・費用の発生を経済的事実に基づいて認識する
未収金・未払金	認識しない	一定期間内に現金の受け払いが見込まれるものは認識する	発生の事実に基づき認識する
固定資産	購入代金の現金支払時に支出として認識し,減価償却は行わない	購入時の支出として認識し,減価償却は行わない	資本化し減価償却を行う
公債	発行し現金受け入れ時に収入として,現金返済時に支出として認識する	同左	発行時に負債を,返済時に負債の減少を認識する
退職金	現金支払時に支出を認識する	同左	毎年の勤務による発生額を費用として認識するとともに,負債を認識する
作成する財務表	資金収支計算書	貸借対照表 資金収支計算書	貸借対照表 損益計算書

出典:隅田一豊『住民自治とアカウンタビリティ』税務経理協会,1998年,58頁をもとに作成

家や一般の利用者が情報を理解するために特別な支援やトレーニングを必要としない。財務諸表の作成者にとっても,現金主義会計情報の収集は相対的に容易であり,その作成および提供コストは一般的に発生主義会計より低い。また,現金主義会計は,現金の収支という客観的な事実に基づき会計記録を行うため見積もりや判断が介入しないという意味で恣意性が入らず,客観性,確実性,検証可能性に優れているといえる。

3―3　現金主義会計の限界

　現金主義会計は，歳出・歳入の収支計算にとどまり，発生主義会計で作成される貸借対照表や損益計算書（行政コスト計算書）を作成できない。そのため，現金主義会計の限界として，ストック情報の欠如とコスト情報の欠如が挙げられる。現金主義会計の限界をまとめたものが図表4-3である。

①　ストック情報の欠如

　現金主義会計は，土地や建物等を含む全ての資産情報を提供できない。多年にわたり使用する資産であっても，購入対価を支払った時点で現金支出を記録するにとどまるため，資産を使用し続けているのか，残存耐用年数がどれだけあるか，もしくは，途中で売却したか等を説明できない。したがって，現金主義会計は現金の使用についてはアカウンタビリティを果たしうるが，資産マネジメントについてはアカウンタビリティを果たさない。

　また，現金主義会計は，現金支出を伴わない退職給与引当金等の負債を認識できない。退職給与引当金は巨額であるため，これを認識しないことは予算や長期財務計画の策定等において適切な意思決定が妨げられる恐れがあるという問題を有する。

　さらに，全ての資産および負債情報が提供されないことから，財政状態を適切に評価する基礎を提供できない。現在提供しているサービスを継続的に提供

図表4-3　現金主義会計の限界

区分	内容
ストック情報の欠如	①全ての資産情報を提供しない ②全ての負債情報を提供しない ③財政状態を評価する基礎を提供しない
コスト情報の欠如	④活動コストを示さない ⑤行政活動の経済性，効率性，有効性の評価の基礎を提供しない ⑥財務業績を示さない

するためには，現在の資産を維持する必要がある。また，将来の収入は将来のサービス提供と過去に発生した債務の支払いに充てられるため，将来収入を拘束する負債の情報は重要である。自治体が現在提供しているサービスを継続的に提供することが可能か否か，あるいは，新たな資源を必要とする新規サービスを提供することが可能か否かの判断を行うためには，全ての資産および負債情報が明らかにされなければならない。

② コスト情報の欠如

ストック情報の欠如から，固定資産の減価償却費，退職給与引当金の当期発生額等の費用が認識されず，政府のコスト情報を明らかにすることができない。コスト情報は，利用者料金の決定や行政活動の業績評価・管理および，その他の意思決定を行ううえで有用かつ必要なものである。コスト情報がなければ，行政活動の経済性，効率性，有効性の評価を適切に行えない。つまり，サービス提供に要したコストが経済的か否か，提供したサービス（アウトプット）がコストと比較して効率的であるか否か，サービス提供による効果（アウトカム）がコストと比較して満足できるか否かという業績評価の基礎が提供されない。

また，収益と費用の差額である財務業績が適切に示されない[5]。当期に必要な費用をまかなうために当期に十分な収益があったか否か，つまり，現在のサービス提供コストを現在世代がどれだけ負担しているかという現在と将来世代の負担のトレードオフの指標も提供されない。

この他に現金主義会計が持つ限界としては，現金の受け払いを翌期に延ばすことにより容易に会計操作を行い得ることが指摘されている。

3－4 現金主義会計と発生主義会計の違い

図表4-4は現金主義会計で作成される資金収支計算書と発生主義会計の行政コスト計算書を簡単な例を用い比較したものである。

図表4-4は，歳入・歳出がともに3,000で収支均衡している例である。現金主義会計では，税収，交付税交付金，補助金，さらに地方債を発行して調達した資金の合計3,000が収入となる。これに対し発生主義会計では，地方債発行

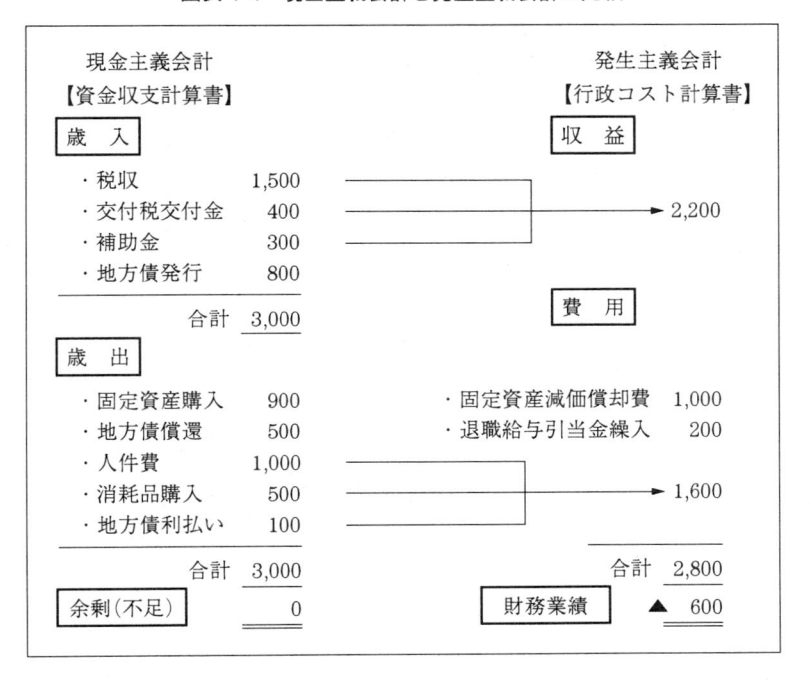

図表 4-4　現金主義会計と発生主義会計の比較

```
    現金主義会計                        発生主義会計
   【資金収支計算書】                  【行政コスト計算書】
   ┌─────┐                           ┌─────┐
   │ 歳　入 │                           │ 収　益 │
   └─────┘                           └─────┘
    ・税収            1,500
    ・交付税交付金      400   ─────────→ 2,200
    ・補助金            300
    ・地方債発行        800
                    ──────
           合計      3,000             ┌─────┐
   ┌─────┐                           │ 費　用 │
   │ 歳　出 │                           └─────┘
   └─────┘
    ・固定資産購入      900      ・固定資産減価償却費  1,000
    ・地方債償還        500      ・退職給与引当金繰入    200
    ・人件費          1,000
    ・消耗品購入        500   ─────────→ 1,600
    ・地方債利払い      100
                    ──────                          ──────
           合計      3,000             合計         2,800
   ┌─────┐                           ┌─────┐
   │余剰(不足)│       0                │ 財務業績 │ ▲ 600
   └─────┘                           └─────┘
```

による収入は収益ではなく，負債であるためこれを控除した 2,200 が収益合計額となる。現金主義会計では，固定資産購入額，地方債償還金，人件費，消耗品購入額，地方債利払いの合計 3,000 が支出となる。これに対し，発生主義会計で費用となるのは，人件費，消耗品購入額，地方債利払い，および，固定資産の減価償却費，退職給与引当金繰入であり，2,800 が費用合計額となる。この例では現金主義会計の収支計算書は収支均衡しているが，発生主義会計の行政コスト計算書は費用が収益を上回る。このように，現金主義会計と発生主義会計は表すものが異なる。現金主義会計は資金収支を明らかにし，発生主義会計は収益・費用を明らかにする。これは，どちらか一方が優れているというものではなく，ともに明らかにすべきものである。

4 発生主義会計のメリットおよび論点

本節では，発生主義会計のメリットを資産，負債，純資産，収益・費用および，財務業績という構成要素別に明らかにするとともに，主要な論点を紹介する。

4－1 資産

現金主義会計の下では，完全な資産記録を有しない組織が多いが，発生主義会計では，全ての資産を特定しその所有を確かめ，価値を確定するという厳格なプロセスが要求される[6]。このため発生主義会計では，資産の有無および維持・運営コストを特定するため，資産の維持・更新，余剰資産の処分，資産の効率的な利用といった資産マネジメントにおいて有用な情報を提供し，適切な意思決定を導くことが可能となる。

わが国地方自治体が発生主義会計で貸借対照表を作成する場合，資産で最も大きな割合を占めるものは有形固定資産である。ここでの主要な論点は，資産の評価基準とインフラストラクチャー（インフラ）資産の減価償却である。資産評価は減価償却計算にも関わりコスト計算に大きな影響を与える。資産の評価基準は，大きく分けて取得原価で評価する方法と定期的に公正価値等で再評価する方法の2つがある。企業会計の国際財務報告基準（IFRS）および国際公会計基準（IPSAS）はともに取得原価で評価する方法を「標準処理」とし，「認められる代替処理」として再評価を認めている。主要先進各国では，それぞれの国の企業会計と同一の方法を公会計で採用しているところが多く，米国では取得原価主義，英国やニュージーランドでは再評価を採用している。

インフラ資産とは，道路や上下水道・ダム等，社会基盤整備のための有形固定資産で，通常他の有形固定資産より長い期間で維持される資産をいう。インフラ資産は，耐用年数の見積もりが困難であることが多く，減価償却をどのように行うかが問題となる。英国や米国地方政府等では，上下水道や高速道路な

ど1つの資産が全体の一部を構成するようなネットワーク資産については，資産を適切に維持・管理し，その管理状態を開示することを要件に減価償却を行わず，維持管理費用のみを当該年度の費用とする更新会計を認めている。

4—2　負債

　発生主義会計は，単に借入金だけでなく退職給与引当金等の全ての負債を認識するため，政府に負債の存在を自覚させ適切な返済計画・資金計画の策定を可能にする。負債は，将来の収入を拘束し，返済能力および，資金調達に影響を与えるものである。全ての負債が報告されなければ，現在提供しているサービスの質・量を今後も継続して提供することが可能か否か，あるいは新規事業またはサービスをまかなう余裕があるか否かという判断において適切な意思決定を行うことができない。また，全ての負債を認識することは，それぞれの負債を担当する部署を明確にし，責任の所在を明らかにする。

　負債で論点となるのは退職給与（給付）引当金である。企業会計では，保険数理の専門家が計算する個々の従業員の退職給付見積額のうち，期末までに発生していると認められる額を現在価値に割り引いた退職給付債務を基礎とし外部拠出年金資産を考慮する退職給付会計を用いている。主要先進各国では，企業会計とほぼ同様の取り扱いを公会計で行っている。しかし，退職給付会計は複雑かつ多大な労力を要するため，わが国の地方自治体での適用の可否は慎重に検討する必要があろう。

4—3　純資産

　資産と負債の差額が純資産である。純資産は政府の財政状態を判断する際の重要な指標である。純資産は，資産と負債の相対関係で負債の水準を監視し，資金調達の意思決定において現金主義会計よりも長期的な視点に焦点を置くことを促す。

　また，純資産は当期の活動費用を当期の収益でまかなえない場合（現在世代の負担が受け取るサービスの提供コストより少ない場合）に減少するため，世代間

負担の衡平性の指標となる。さらに，純資産が正の値の場合には，その純資産が将来の財・サービスの提供に利用可能なことを意味し，負の場合には，将来の税金およびその他の収入がすでに借入金または，その他の負債の返済のために拘束されていることを意味する。

　純資産の主要な論点は，その区分表示である。純資産を資金の調達源泉別に区分表示するか，拘束の程度で区分表示するかで議論が分かれる。企業会計では，資本金，資本剰余金，利益剰余金のように資金の調達源泉別に区分表示するが，海外の地方政府等では寄付者や法律等の規制により資源の使途に拘束が課されている拘束資産，資源の使途に拘束がない非拘束資産など拘束の程度で区分表示されることが多い。米国の地方政府等では純資産を資本的資産への純投資，拘束純資産，非拘束純資産の3つに区分表示している。

4―4　収益・費用

　発生主義会計は，現金の受け払いに関係なく実際に発生した全ての取引の収益・費用情報を提供する。税金等に係る収益は課税権が発生した段階で認識し，未徴収分は貸借対照表で未収金として資産を認識する。

　コスト情報は，特定の活動を継続すべきか否かについての意思決定を行うために，また，コストを適切にマネジメントし活動をコントロールするために必要不可欠である。とくに，減価償却費を認識することは固定資産の使用にかかるコスト認識を可能にし，資産の維持，新規資産購入等の意思決定に大きな影響を与える。

　これらのメリットに加え，発生主義会計によりコストを認識することは，①特定の活動目的を達成するための代替的手段のコストを考慮すること，②サービス提供を自ら行うか外部に委託するか否かの意思決定を行うこと，③適切な利用者料金を決定すること，および，④各コストのマネジメントを担当する部署を明確にし，責任の所在を明らかにすることを可能にする。また，コスト情報は，非財務成果情報であるアウトプットやアウトカムと関連づけることにより経済性，効率性，有効性といった業績評価を可能にする。

政府と企業の収益・費用を比較した場合に，最も異なるのは収益の性質である。利益獲得を目的とする企業の収益の大部分は，売上など財・サービスの提供と交換に対価を受け取る交換取引によって生じる。しかし，公共の福祉の増進を目的とする政府の主な収益は税金や補助金（地方自治体），寄付金等であり，これらは交換取引から生じるものではない。このような交換取引でない取引を非交換取引と呼ぶ[7]。税金等の非交換取引から生じるものを収益と認識することについて国際的に異論はない。しかし，固定資産取得のために受け取る補助金や寄付金をいつ収益として認識するか，言い換えれば，補助金等を受け取った時点で収益を認識するか，あるいは，収益を一時に認識せず関連する費用（減価償却費）に対応させて認識するかについては，企業会計を含め完全な国際的コンセンサスは得られていない。

4—5　財務業績

収益・費用の差額を企業会計では利益と呼び，公会計では財務業績と呼ぶ。財務業績は，当期の収益が当期の費用をまかなうのに十分であったか否かを示し，世代間の負担の衡平性を評価するのに役立つ。政府活動の主な収益源は税金や利用者料金であるため，世代間の負担を衡平に保つことは重要である。現在世代が受けるサービスのコストは本来，現在世代が負担すべきもので，将来世代に負担を負わせるべきものではない。さらに，財務業績の経年比較は，財務運営および持続可能性の長期的な評価を行うために有用な情報を提供する。

4—6　発生主義会計のメリット

今まで明らかにしてきた発生主義会計のメリットは，大きく2つに分類できる。1つは財務報告の外部利用者がアカウンタビリティを評価し，意思決定を行ううえで有用な情報を提供することであり，2つは行政内部利用者が適切なマネジメントを行うための意思決定に有用な情報を提供することである。ここで適切なマネジメントとは，具体的には，①資産・負債のマネジメントを行うこと，②世代間負担の衡平性に配慮した長期的な意思決定を行うこと，③経済

的,効率的,効果的なサービスの提供を行うことである。

発生主義会計に基づく会計情報は,政府の財政状態,収益・費用の発生状況,財務業績および,提供したサービスのコスト,経済性,効率性,有効性に関する政府の業績を適切に評価する基礎等,いわゆる組織運営の全体像を明らかにする。発生主義会計情報は,問題の所在を早期に発見し適切に軌道修正を行うことを可能とする。例えば,政府が資産・負債のマネジメントを適切に行っていない場合や世代間負担の衡平性に配慮した長期的な意思決定を行っていない場合,あるいは,経済的,効率的,効果的なサービス提供を行っていない場合に,現金主義会計に基づく財務報告では資金収支が均衡している限り短期的に大きな問題が表出することはない。これに対し発生主義会計に基づく財務報告では,負債・費用の増加,純資産の減少などを通し早期に問題の兆候を示すことが可能である。つまり,発生主義会計に基づく財務報告は,現金主義会計に基づく財務報告よりも,組織運営の全体像を多角的に明らかにするものであるといえる。

5 発生主義会計が実際にもたらした便益

本節では,発生主義会計を比較的早く政府に導入したニュージーランドにおいて指摘された発生主義会計がもたらした便益を紹介する。

ニュージーランドは,行政機関によって産出される財・サービスの「価格」の合計としてのアウトプットに焦点を置く発生主義会計・予算制度を 1991 年から導入している[8]。

ニュージーランドの発生主義会計・予算制度がもたらした便益は,各省庁レベルでは①アウトプットの価格に焦点が置かれ,現行の予算内で人件費をまかなうことが要求されるなど,コスト削減のインセンティブが働くようになったこと,②キャピタル・チャージ[9]の導入により既存の固定資産を有効活用する機運が生まれたこと,③新規固定資産の購入の意思決定が慎重になされるよう

になったこと，④コスト測定がコスト回収計算のための適切な基礎を提供すること，⑤固定資産の減価償却計算を行うことにより，毎年のアウトプットのコストを確定させ，経年比較を行うことが可能となったこと，および，⑥アウトプットのコスト計算により民間と政府機関の供給コストとの正確な比較を行うことを可能にしたことが指摘されている。また，政府全体レベルの便益としては①資源マネジメントについてより完全で高品質の情報を提供すること，これにより②透明性が増し，議会と国民が財政状態，財務業績を評価する能力を高めたことが指摘されている。コストを明確に特定することがマネージャーのコスト管理意識を強め，予算として配分された資源を節約し使い残すという傾向が広まったという。また，1990年から3年間，ニュージーランドの財務大臣を務めたリチャードソン（H. Richardson）によれば，発生主義会計の導入により最も価値があったことは，政府の純資産について経年による改善の尺度（指標）を持つことができたことであったという。また，この制度の下でマネージャーは財務マネジメントに責任を有するようになり，さらに私企業と同様の会計システムの導入にあたり会計の専門家を私企業から多くリクルートした結果，組織文化に大きな良い変化がもたらされたという。

6　企業会計が公会計に及ぼす影響

　従来，企業の会計基準は，各国固有の歴史的背景・文化・風土を基礎に形成され国ごとに個別に開発・展開してきた。しかしながら近年，企業の資金調達のグローバル化に伴い，世界共通の会計基準を開発し，これを用いることが企業間の比較可能性を高め投資家に有用であること，財務諸表を作成する企業にとっても国ごとに異なる財務諸表を作成する不都合を解消できる等の理由から，国際財務報告基準（IFRS）の開発が進められてきた。2005年からEUが域内上場企業にIFRSを強制適用したことから，会計基準のコンバージェンス（収斂）は急速に進み，現在では世界100ヵ国以上がIFRSのアドプション（採用）を

決定し，今後その数は150ヵ国になることが予想されている。2008年には，米国もIFRSのアドプションに向けたロードマップ（工程表）案を公表した。わが国においても，2009年6月に企業会計審議会が「我が国における国際会計基準の取扱いに関する意見書（中間報告）」を公表し，2010年3月期から企業にIFRSの任意適用を認める方針を決定した。

　一方，公会計では国際会計士連盟（IFAC）の国際公会計基準審議会（IPSASB）が，国・地方政府等を含むパブリック・セクターが現金主義会計から発生主義会計へ移行することを支援することおよび，各国間の比較可能性を高めることを目的に発生主義会計に基づく国際公会計基準（IPSAS）の策定を行っている[10]。IPSASは，「財務報告の主要な目的は，利用者のニーズに合致した情報を提供することであり，これはパブリック・セクターも私企業も同じである。パブリック・セクターの会計基準の基礎としてIFRSを用いることは，パブリック・セクターと私企業の基準で類似の問題に対して一致したアプローチを導くことになる」とし，パブリック・セクター特有の考慮すべき事情がない限りIFRSとできる限り一致あるいは整合させる方向で開発が進められている（IPSASの詳細は第12章を参照のこと）。

　これらが意味することは，今後わが国で開発されるであろう公会計基準もIFRSと無縁ではいられないということである。IPSASBがIFRSを基礎に会計基準を開発するのは，財務報告の理解可能性を重視しているためである。政府が企業会計と異なる会計基準を策定した場合，企業会計の知識を有する者は新たな会計ルールを学ばなければならない。会計主体によって異なる会計基準を策定することは利用者を混乱させ，理解を妨げる大きな要因となる。政府の財務報告の理解可能性を高めるためには，現在の企業会計の基準を基礎にしなければならない大きな理由がここにある。会計という尺度（物差し）が国によって異なることを否として会計のコンバージェンスが世界で進んだように，会計主体により異なる会計が用いられるべきではない。企業との比較可能性を確保するという理由ではなく，財務報告利用者の理解可能性を確保するという理由でわが国の公会計基準もIFRSもしくはIPSASとの整合性を保たねばならない。

7 おわりに

　政府は福祉の増進を図るために有限の資源を経済的,効率的に使用し,国民・住民ニーズにあったサービスを効果的・継続的に提供することが必要不可欠である。そのため,政府の業績は,企業会計のように利益という単一の尺度で測ることはできない。政府の業績を測定・評価するためには,単に予算に準拠して支出を行ったことを示すだけでは足りず,有限の資源を経済的,効率的に使用し,国民・住民のニーズにあったサービスを効果的に提供したか否かの判断に資するための情報および,現在のサービスを継続的に提供することが可能か否かの判断に資するための財政状態や当期の支出・費用をまかなうのに十分な収入・収益があったか否かの情報が必要である。したがって,政府は,財務情報とともに非財務成果情報を提供することが必要となる。

　百年に一度といわれる不況に遭遇し,今後右肩上がりの税収の伸びは期待できない。さらに,社会の成熟化に伴い国民の価値観が多様化すると同時に少子高齢化が進んでいる。限られた資源を有効に活用し,多様な住民のニーズに応えることが国や地方自治体に真剣に求められている。そのようななか,効率的な行財政運営を行うための道具として発生主義会計および,その前提としての複式簿記の導入は必要不可欠である。

　しかし,ここで注意すべきなのは,発生主義会計はあくまでも道具であるということである。発生主義会計の導入が即,期待される便益を最大限もたらすとは限らない。わが国の多くの地方自治体で総務省の決算統計によるバランスシートや行政コスト計算書が他の地方自治体が導入しているからという理由で導入された。しかし,それは年1回の作成で,かつ正確性に欠けていたことから,日常的な行政活動の管理・統制に資することが極めて難しく,意思決定に適切にフィードバックできず利用されなかったことを忘れてはならない。

　効率的な行財政運営を推進する中で発生主義会計情報を利用するためには,①予算の策定および議会での審議において,発生主義会計情報を参照する過程

を組み込むこと，②行政活動のマネジメントにおいて日常的に発生主義会計情報が提供できるシステムを構築すると同時に，それを利用すること，および，③議会，内部管理者，外部利用者が発生主義会計情報について徹底した分析と議論を行えるよう財務報告の透明性を高めることが必要である。議会や政府自身が発生主義会計情報を意思決定情報として必ず用いるという固い決意と，外部利用者による発生主義会計情報の分析を通じた批判および意思決定がなされなければ，発生主義会計の導入の意義は著しく低くなるといえよう。

<注>

1) ニュージーランドは1989年に中央政府および地方政府が発生主義会計を導入し英国では1993年に地方政府が，1999年に中央政府がそれぞれ発生主義会計を導入した。米国では1997年に連邦政府が，2001年に地方政府等が発生主義会計に基づく財務諸表を作成している。
2) 米国では，財政説明責任と運営説明責任の両方を同時に満たす同一の会計の測定の焦点と会計処理基準は存在しないとし，流動財務資源を測定の焦点とする修正発生主義会計を用いるファンド財務諸表と，経済資源を測定の焦点とする発生主義会計を用いる政府全体財務諸表を作成するといういわば2本立ての構成を採用している。ここでファンドとは特別の規則，拘束または制限に従って特定の活動を遂行（あるいは特的の目的を達成）するために区分管理運営されている会計実体をいう。
3) 厳密には，収益は実現主義，費用は発生主義で認識し，費用と収益をできる限り対応させるのが発生主義会計である。
4) 現金主義会計と発生主義会計の中間に位置するものとして権利義務確定主義（半発生主義）と呼ばれるものがある。これは，収益・費用を債権・債務の発生時に認識するものである。わが国地方自治体では，出納整理期間（会計年度末から2ヵ月間，4月1日から5月31日まで）内に現金の受け払いが完了した未収分または未払分については当該年度の収入・支出として処理している（自治法235条の5）。これを修正現金主義と呼ぶこともある。
5) すでに発生主義会計を地方政府等に採用している米国，英国等の先進各国においては，現金フローの収入・支出に対応する経済資源フローとして収益（revenue）・費用という用語が一般的に用いられている。本章においてもこの用語を用いる。

6) ここでいう価値とは，資産の時価ではなく，取得原価，または，減損が認められる場合には回収可能価額，再評価を採用している場合は公正価値等を指す。
7) 非交換取引（non-exchange transaction）は，非相互移転（non-reciprocal transfer）と呼ばれることもあるが同義である。本章では，非交換取引という用語を用いる。
8) ニュージーランドは，それまでの資源投入量の積み上げによる予算に代えて，行政機関によって産出される財・サービスというアウトプットの「価格」を合計するアウトプット予算を導入した。これは，各大臣が必要なものを各省庁あるいは民間から購入する「価格」に焦点を置くものである。大臣は，各省庁の次官（Chief Exsective）との間で各省庁がどのような財・サービス（アウトプット）を提供するかという業績契約（Performance Agreement）と，そのアウトプットをいくらで買うかという購入契約（Purchase Agreement）を締結する。大臣は，必ずしも所轄の省庁からアウトプットを購入する必要はなく，他の省庁および民間から購入することも可能である。したがって，各省庁は，競争環境におかれ，他省庁および民間に勝る「価格」を提示することが求められ，コスト削減に向けてのインセンティブが強く働くようになっている。業績契約は1989年に，購入契約は1993年にそれぞれ導入された。詳しくは，財務省財務総合政策研究所「民間の経営理念や手法を導入した予算・財政のマネジメントの改革」2001年，75-126頁参照。
9) キャピタル・チャージとは，固定資産を保有する場合の資本コストをいい，純資産額に対して一定の利子率を乗じて計算する。資本コストを費用として認識することにより資産の効率的な利用を促すものである。
10) 国際公会計基準（International Public Sector Accounting Standards, IPSAS）は，2000年3月の『序文（Preface）』公表以来，2010年1月現在，IPSAS第1号『財務諸表の表示』からIPSAS第31号『無形資産』まで策定を終えた。現在，全ての基準策定の拠り所となる『概念フレームワーク』を開発中である。

<参考文献>

Financial Accounting Standards Board (FASB), *Statement of Financial Accounting Concepts No. 4: Objectives of Financial Reporting by Nonbusiness Organizations*, 1980.
Governmental Accounting Standards Board (GASB), *Concepts Statement No. 1: Objectives of Financial Reporting*, 1987.
GASB, *Concepts Statement No. 2: Service Efforts and Accomplishments Reporting*, 1994.

GASB, *Statement No. 34 : Basic Financial Statements and Management's Discussion and Analysis for State and Local Governments,* 1999.

International Federation of Accountants (IFAC), Public Sector Committee (PSC), *Occasional Paper 1 : Implementing Accrual Accounting in Government : The New Zealand Experience,* 1994.

IFAC, PSC, *Occasional Paper 3 : Perspective on Accrual Accounting,* 1996.

IFAC, PSC, *Study 11 : Government Financial Reporting : Accounting Issues and Practices,* 2000.

IFAC, PSC, *Study 14 : Transition to the Accrual Basis of Accounting, Guidance for Governments and Government Entities,* 2002.

Organization for Economic Co-operation and Development (OECD), *Occasional Papers on Public Management, Accounting for What? : The Value of Accrual Accounting to the Public Sector,* 1993.

石田晴美『地方自治体会計改革論』森山書店，2006年。

稲沢克祐『公会計』同文舘出版，2007年。

財務省財務総合政策研究所「民間の経営理念や手法を導入した予算・財政のマネジメンの改革」2001年。

隅田一豊『住民自治とアカウンタビリティ』税務経理協会，1998年。

隅田一豊『自治体行財政改革のための公会計入門』ぎょうせい，2001年。

第5章

国の公会計制度

　国（中央政府）の財政は，予算編成において，主として一般会計の規模と内容が広く議論されてきた。最近では，"埋蔵金"があるとされる特別会計やその他の政府機関も含めて，事業の必要性が"事業仕分け"で検討されている。しかし，国の財政は複雑で多岐にわたるため理解し難いところがある。これらの仕組みを会計制度をとおして明らかにしていこう。

1　国の会計区分

　国の会計は，一般会計と特別会計からなる。一般会計とは，国の施策に係る収支を経理するための会計であり，「単一予算主義」のもと，国に係るすべての収入と支出を一般会計で経理するのが原則である。これに対し，国が特定の事業を行う場合や特定の資金を保有しその運用を行う場合，これを一般会計に含めれば個々の事業の収支が不明確になり却って予算・決算の透明性を損なう可能性がある項目については，「特定の歳入を以て特定の歳出に充て一般の歳入歳出と区分して経理する必要がある場合に限り，法律を以て，特別会計を設置するものとする」（財政法第13条第2項）とされている。

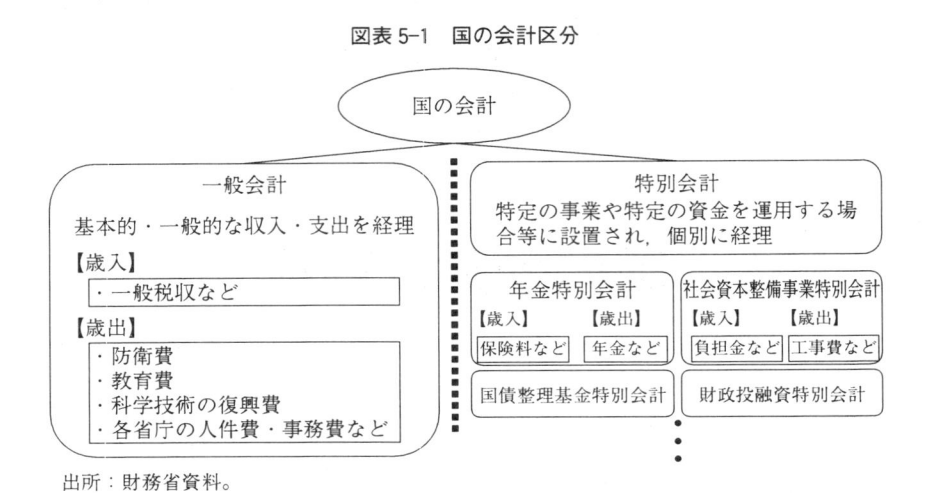

第2編　公会計と公監査の理論と制度

図表 5-1　国の会計区分

```
                           国の会計
       ┌─────────────────┬─────────────────────────────────┐
       一般会計                       特別会計
   基本的・一般的な収入・支出を経理    特定の事業や特定の資金を運用する場
   【歳入】                           合等に設置され，個別に経理
    ・一般税収など
   【歳出】                        年金特別会計      社会資本整備事業特別会計
    ・防衛費                      【歳入】【歳出】    【歳入】【歳出】
    ・教育費                      保険料など 年金など 負担金など 工事費など
    ・科学技術の復興費
    ・各省庁の人件費・事務費など    国債整理基金特別会計   財政投融資特別会計
```

出所：財務省資料。

　特別会計は「単一予算主義」の例外であり，2009年3月現在で21の特別会計がある（特別会計改革では2011年までに17にすることが決められた）。具体的には，年金や労働保険，社会資本整備等の事業を実施するための特別会計（事業特別会計），財政投融資，外国為替管理のために資金運用等を行う特別会計（資産特別会計），国債の返済・借換等のために区分経理を行う特別会計がある。

　さらに，国が出資等を行っている特殊法人や独立行政法人等の政府関係機関がある。国の予算として国会で議決対象となっている政府関係機関は，2009年度では日本政策金融公庫，沖縄振興開発金融公庫，独立行政法人国際協力機構有償資金協力部門で歳出予算額は2.1兆円である。163あった特殊法人や認可法人は行政改革で削減され15法人となっている。また，独立行政法人は2009年度現在で98ほどある。

　特殊法人や独立行政法人等は，一般会計は採算や規制等の問題があるため国が営む必要のある事業をより効率的に実施するために法律に基づいて設立された法人である。独立行政法人は，採算や規制等のため民間に任せていたのでは必ずしも実施されない事業を遂行するために設立された法人であり，独立行政法人通則法に基づき，個々の法律によって設立される。イギリスのエージェン

シーを範にして設立された法人であり，3年から5年の中期計画を策定することや企業会計に基づく法人経営等の特徴がある。

しかし最近はこれらの運営が基本的に国からの補助金を受けていることから，非効率的となっているところや官僚の天下りの温床となっている等の批判から，そのあり方や存続の問題も含めて見直しが行われている。

2　国の会計制度の制定

2—1　一般会計の会計処理

　一般会計は国の施策にかかる収支を経理するための会計であり，予算によってコントロールされている。国の収入および支出はその内容や業務ごとに予算が定められる。収入および支出は会計法に従って処理される。したがって会計処理は現金主義会計である。収入は歳入徴収官が行い（会計法第5条），支出は支出負担行為担当官が支出負担行為の書類を作成し，その確認を受け，支出官の振り出す小切手や支払指図書によって日本銀行から行われる（会計法第10条から第28条）。

　収入は主税局等の徴収部署に権限が与えられ，支出は各省庁の担当部署に権限が与えられる。担当部署は予算として認められた施策を実施し，それに必要な資金を支出することになる。

　収入および支出された結果は決算として記録される。予算統制による収入および支出の管理を行った結果を示すものが決算ということができる。支出に関する予算は支出権限の上限を示すものであるし，担当部署の判断で一定の流用が認められているため，予算書と決算書には差異が生ずるのがふつうである。したがって，一般会計の決算書は国会に提案され承認されることとなる。

　予算は原則として業務内容ごとに策定されるが，それを実施する担当部署と1対1で対応しているわけではない。1つの予算項目が複数の部署で担当される場合もあれば，複数の予算項目が1つの部署で担当される場合もある。した

第2編　公会計と公監査の理論と制度

がって，予算項目と担当部署は多対多の対応となっており，決算書は予算項目ごとの支出の状況が示されるだけであり，担当部署ごとの支出の総額や支出の効率性等の情報を読み取ることはできない。

2－2　特別会計の会計処理と改革

　特別会計は「単一予算主義」の例外として，一般会計とは区分して収支を経理するための会計である。特別会計はそれぞれが根拠法を有していたが，2009年に成立した「特別会計に関する法律」により，根拠法が一本化された。

　歳入歳出予定計算書（予算書に相当）と歳入歳出決定計算書（決算書に相当）

図表 5-2　特別会計の区分（2009年度現在）

1. 事業特別会計…16会計

(1) 企業特別会計（1）
　・国有林野事業

(2) 保険事業特別会計（8）
　・地震再保険
　・労働保険
　・船員保険
　・年金
　・農業共済再保険
　・森林保険
　・漁船再保険及び漁業共済保険
　・貿易再保険

(3) 公共事業特別会計（1）
　・社会資本整備事業

(4) 行政的事業特別会計（6）
　・登記
　・特定固有財産整備
　・国立高度専門医療センター
　・食料安定供給
　・特許
　・自動車安全

2. 資金運用特別会計…2会計

・財政投融資
・外国為替資金

3. その他…3会計

(1) 整理区分特別会計（2）
　・交付税及び譲与税配付金
　・国債整理基金

(2) その他（1）
　・エネルギー対策

出所：財務省資料

第5章　国の公会計制度

図表 5-3　特別会計の積立金の状況

特別会計の積立金等の内訳（平成19年度決算処理後）

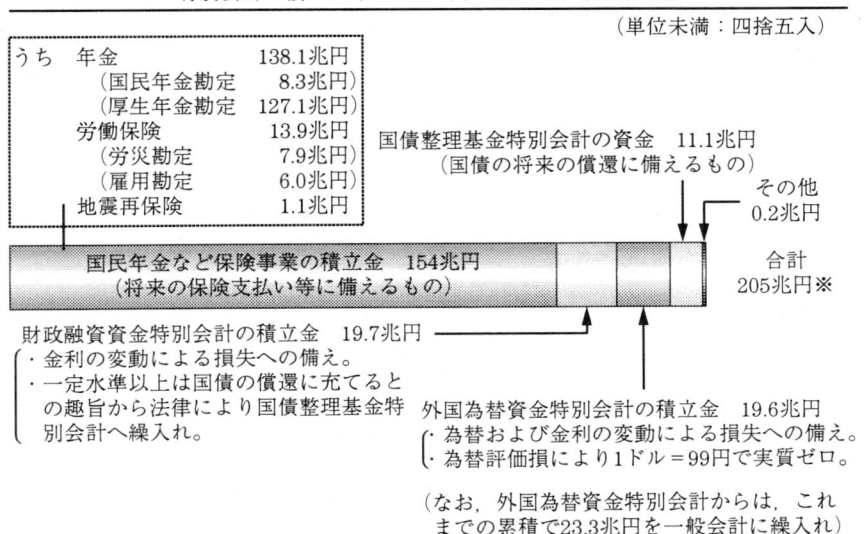

（単位未満：四捨五入）

うち　年金　　　　　　　138.1兆円
　　　（国民年金勘定　　　8.3兆円）
　　　（厚生年金勘定　　127.1兆円）
　　労働保険　　　　　　13.9兆円　　国債整理基金特別会計の資金　11.1兆円
　　　（労災勘定　　　　7.9兆円）　　　（国債の将来の償還に備えるもの）
　　　（雇用勘定　　　　6.0兆円）　　　　　　　　　　　　　　　　　　その他
　　地震再保険　　　　　1.1兆円　　　　　　　　　　　　　　　　　　0.2兆円

　　　国民年金など保険事業の積立金　154兆円　　　　　　　　　　　　合計
　　　　（将来の保険支払い等に備えるもの）　　　　　　　　　　　　205兆円※

財政融資資金特別会計の積立金　19.7兆円
・金利の変動による損失への備え。
・一定水準以上は国債の償還に充てると　　外国為替資金特別会計の積立金　19.6兆円
　の趣旨から法律により国債整理基金特　　・為替および金利の変動による損失への備え。
　別会計へ繰入れ。　　　　　　　　　　　・為替評価損により1ドル＝99円で実質ゼロ。

　　　　　　　　　　　　　　（なお，外国為替資金特別会計からは，これ
　　　　　　　　　　　　　　　までの累積で23.3兆円を一般会計に繰入れ）

※19年度末（20年3月31日時点）の積立金等の額198.2兆円に，
　19年度決算による積立金等への繰入額6.8兆円を加えたもの。

出所：財務省資料

を作成するとともに，同法第19条により，「資産および負債の状況その他の決算に関する財務情報を開示するための書類（企業会計の慣行を参考とした書類）」の作成が義務付けられている。そして，後述の「特別会計財務書類の作成基準」がその会計基準とされている。そのため，特別会計財務書類は法定の財務書類というステータスが与えられたことになる。

　同法成立以前は，それぞれの根拠法に基づき決算書が作成されていた。特別会計は主管の収入および支出があり，資産や負債を有しているものが多いことから，多くの特別会計では複式簿記に基づく開示が行われてきた。しかし，あくまで収入支出をもとにした処理であり，発生主義的な処理が行われてきたとは言えなかった。特別会計の改革の一環として会計処理の改革も行われ，上述のとおり，企業会計の慣行を参考にした財務書類（特別会計）を法定書類とし

て作成することとなったものである。

　特別会計も一般会計と同様，予算によってコントロールされている。あくまで一般会計と区分して経理しているにすぎないものであり，収入および支出の処理は一般会計と同様，会計法に従った処理を行うことになる。なお，一般会計からの繰入等特別会計独自の会計や開示等は，「特別会計に関する法律」第2章に定められている。

2—3　特殊法人等の会計処理の改革

　わが国の公会計制度の整備がはじまったのは，1999年春からということができよう。同年7月に独立行政法人通則法が成立し，「独立行政法人」制度が創設された。そして，同法第37条により，その会計は企業会計原則によるものとされ，独立行政法人にかかる会計基準の作成が必要となったものである。独立行政法人制度の創設と並行して，1999年3月，総務庁に「独立行政法人会計基準研究会」が作られ，同年9月の中間的論点整理を経て，2000年2月に「独立行政法人会計処理基準」が取りまとめられた。

　一方，国の説明責任の向上，とくに増大する国債発行残高等の開示の必要性から，国の貸借対照表の作成が求められていた。そして，大蔵省（当時）のバックアップのもと統計的手法でわが国全体の貸借対照表を作成することになり，2000年10月，民間人有志により「国の貸借対照表の考え方」が作成・公表された。同月にその解説版である「国の貸借対照表（試案）」が，「財政事情の説明手法に関する勉強会」から出され，1999年度の貸借対照表（2000年3月末現在）が作成された。当該手法による貸借対照表の作成は2002年度まで続けられた。2003年度以降は，後述のとおり，省庁別財務書類を連結して，国全体の財務書類を作成するようになった。

　一方，特殊法人等に関する会計基準の整備も進められることになった。さまざまな特殊法人等は，行政ニーズに応ずる形で設立され，一定の役割を果たしてきた。しかし，時代の変化とともに行われるべき見直しが十分に行われてこなかったため，「組織維持のために不要になりつつある業務を継続している」，

「天下りの受け皿になっている」等の批判に加え，非効率な実態等がマスコミ等で紹介される等，多くの問題が指摘されていた。

　特殊法人等の会計処理基準に関しても見直しが急務となっていた。1987年10月に「特殊法人等会計処理基準」が策定されていたが，各法人の特殊性に応じた固有の会計処理を認めるものであったため，各法人の公表する財務書類が，必ずしも法人の実態を表すものではないという批判がなされていたからである。その結果，特殊法人等の改革の一環として，その会計処理基準も見直すこととなった。

　2000年10月，大蔵省財政制度審議会（現財務省財政制度等審議会）に公企業会計部会が設置され，特殊法人等の会計基準の見直しが始まった。同年12月に，公企業会計部会で「論点整理」のとりまとめがなされた。そこで，独立行政法人の会計基準と同様，特殊法人においても，公的組織であることを前提としつつ，企業会計に準じた会計処理基準に改定することとなった。そして，具体的な会計基準の改訂作業は極めて専門的であることから，公企業会計部会において専門的知識を有する委員に公会計や企業会計・財政学等の専門家を加えたワーキング・グループに委ねられることになり，2001年1月に同部会にワーキング・グループが組織され，「特殊法人等会計処理基準」の見直しにかかる検討が始まった。

　ワーキング・グループは2001年2月に「行政コスト計算書試作指針」を取りまとめた。それを受けて各特殊法人等が作成した「行政コスト計算書（試作）」の検討と，特殊法人に対するヒアリングを行い，その結果を受け，個別論点について検討，意見集約を行った。

　2001年5月にはワーキング・グループによって最終報告書が取りまとめられ，同年6月に財政制度等審議会の承認を経て，「民間企業と同様の会計処理による財務諸表の作成と行政コストの開示」（「特殊法人等会計処理基準」改定案）として公表された。

　なお，特殊法人等の改革に関して，会計以外の部分の状況は次のように進められた。すなわち2000年12月に「行政改革大綱」が閣議決定され，それを受

第2編　公会計と公監査の理論と制度

けて2001年6月に「特殊法人等改革基本法」が成立し，同法に基づいて改革が進められることとなった。そして，2001年12月に具体的な方針が「特殊法人等整理合理化計画」としてまとめられた。

同計画に従い，抜本的改革として，特殊法人等の組織形態等見直しが行われた。特殊法人等の廃止・統合が進められ，一部は民営化・特殊会社化し，また一部は独立行政法人化することとなった。このような改革の結果，特殊法人等の数が減少し，特殊法人等会計処理基準を適用している法人はかなり少なくなっている。

2—4　特別会計の会計基準策定

特殊法人等の会計基準の見直しの後，財務省の財政制度等審議会の法制・公企業会計部会の「公企業会計小委員会」では，「特別会計」について，企業会計の考え方及び手法を活用した財務書類の作成を検討することとなった。

特別会計は，国の特定の業務にかかる収支を明確にするために，一般会計と区分して経理するべく設置されたものである。そもそも，特別会計の経理は，設置法令に従っており，多くの特別会計では複式簿記の手法が導入されていた。しかし，経理処理の基本的考え方は収支会計であり，企業会計のように，発生主義的な考え方・手法を活用したものとはいえないものであった。そして，特別会計は，総額では一般会計より財政規模が大きいにもかかわらず，国会において十分な議論がなされていない等，コントロールの弱さが指摘されていた。

事実，国会の予算審議がトピック事項および一般会計に偏りがちなのは，現在でもそうであるといえよう。その中で，とくに問題となっていたのは，特別会計における借入金ならびに資産の総額が明らかでないということである。そのため，特別会計の隠れ資産，いわゆる霞が関の"埋蔵金"があるのではないかと話題となっていた。さらに，特別会計は予算規模が大きいにもかかわらず，不透明，非効率とされ，マスコミ等での攻撃材料とされていた。

2002年1月までに，公企業会計小委員会で，特別会計の会計処理基準に関する「論点整理」を行ったが，具体的な会計基準作成は，特殊法人等の会計基

準の場合と同様に，公会計や企業会計・財政学等の専門家からなるワーキング・グループに委ねられることになり，同年2月より，特別会計の会計基準の検討が始まった。

ワーキング・グループでは，さまざまな論点に対する考え方をとりまとめ，2002年10月に「中間取りまとめ（試作基準）」を作成した。同試作基準では，特別会計の勘定別に財務書類を作成するとともに，特別会計との関係が深いその他の特別会計や独立行政法人を連結した財務書類を作成することとした。各特別会計が作成した財務書類（試作）の検討と試作結果についてのヒアリングを行い，特別会計にかかる会計基準の論点や問題点を抽出・整理した。

2003年6月にこれらの議論を踏まえ，特別会計の勘定別に財務書類を作成すること，特別会計との関係が深いその他の特別会計や独立行政法人を連結した財務書類を作成すること等の基本的骨格はそのままに，ワーキング・グループで最終案が取りまとめられ，公企業会計小委員会，財政制度分科会三部会合同会議で承認され，「新たな特別会計財務書類作成基準」として公表された。

その後の特別会計改革に関する経緯は次のようである。当該「特別会計財務書類作成基準」は，2005年12月に閣議決定された「行政改革の重要方針」に組み込まれることとなった。具体的には，「特別会計の会計情報については，その開示の内容及び要件を統一的に明示するとともに，企業会計の考え方に基づく資産・負債も開示するものとする」とされ，特別会計は，当該「特別会計財務書類作成基準」に基づいて財務書類を作成することとなったのである。それを受け，2006年6月に「行政改革推進法（簡素で効率的な政府を実現するための行政改革の推進に関する法律）」が制定され，「特別会計財務書類作成基準」が法律に基づいて作成される財務書類の作成基準とされることとなった。

2—5　省庁別財務書類作成基準の制定

財政制度等審議会は，特別会計に係る会計処理基準の議論と並行して，2003年1月に「公会計基本小委員会」を立ち上げ，公会計の目的，開示すべき情報等の基本的問題点について検討を開始した。

第2編　公会計と公監査の理論と制度

　同小委員会は，その成果を2003年6月に「公会計に関する基本的考え方について」（以下，「基本的考え方」とする）として公表した。そこでは，公会計の意義・目的についての整理を行うとともに，予算・決算，財務報告等にかかる基本的な考え方について取りまとめが行われた。「基本的考え方」の主要な結論は以下のとおりである。

　まず，「一般会計」の会計単位を「省庁」としたことがあげられる。本来は事業や政策単位で会計的に捉えるべきであろうが，対象となる事業や政策の定義が難しいこと，省庁が行政府の基本単位であり，予算執行の単位かつ行政評価の主体であることから，省庁別の財務書類を作成することとなった。

　次に，一般会計のみならず特別会計，さらには特殊法人等や独立行政法人を連結した財務書類が作成されることになったことがあげられる。すなわち，一般会計の財務書類を省庁別に作成することを受け，一般会計と特別会計を連結した財務書類も省庁別に作成することとしたのである。そして，一般会計に特別会計，特殊法人等，独立行政法人を連結した，当該省庁全体の財務書類も作成することとした。このように，省庁が行政府の基本単位であり，予算執行の単位かつ行政評価の主体であるという実態を踏まえ，国にかかる全ての会計を省庁別に集計することとしたのである。

　一般会計にかかる財務書類作成基準の検討は，2003年9月から行われた。財政制度等審議会の公企業会計小委員会と公会計基本小委員会は，省庁別財務書類の作成基準の検討を開始した。そして，特殊法人等や特別会計の財務書類作成基準の検討の場合と同様に，実際の検討作業はワーキング・グループで行った。2003年9月から財務書類の体系，歳入の各省庁への配分，公債の配賦等の主要論点についての検討を行い，同年12月に省庁別財務書類の試作基準を作成した。前述のとおり，一般会計の財務書類を省庁別に作成するのみならず，一般会計と特別会計を連結した財務書類を省庁別に作成すること，さらに特殊法人等や独立行政法人を連結した財務書類を省庁別に作成すること，そのために，手数料や目的税等の「主管の財源」のみならず，歳出と歳入の決算額の差額である「配布財源」を各省庁に配分すること，公債の配賦は行わない

こと等「みなし」を含めた会計の考え方を整理したものである。

　それを受け，各省庁で財務書類の試作が行われた。具体的には，2002年3月末で開始貸借対照表を作成し，2002年度の省庁別財務書類を試作した。それと並行して，特殊法人や独立行政法人，特別会計との連結方法や考え方の検討等，主要論点について議論を進めた。2004年3月には，各省庁に対し，省庁別財務書類の試作結果についてヒアリングを行った。当該ヒアリングで提示された問題点や特殊法人等の子会社の取り扱いを検討し，2004年5月に省庁別財務書類の作成基準を取りまとめた。同年6月に，当該作成基準は，財政制度等審議会の公会計基本小委員会，公企業会計小委員会，法制・公会計部会で了承され，公表された。

　以上の結果，国の財務書類の作成基準は一応の完成をみることとなり，特別会計財務書類は，省庁別財務書類の中に取り込まれた。そして，実際の省庁別財務書類は2003年度から作成された。2002年度についても，試作基準による財務書類を修正する形で作成された。

　さらに，一般会計に特別会計，特殊法人等，独立行政法人を連結した省庁別財務書類をさらに連結する手法で，国全体の財務書類を作成することとなった。これは，統計的手法で作成していた従来の「国の貸借対照表」の代わりに作成されるものである。

　以上のように，1999年に公表された「国の貸借対照表の考え方」と「国の貸借対照表（試案）」に基づき，統計的手法で国全体の貸借対照表が作成されてきたが，省庁別に作成された省庁別連結財務書類（一般会計，特別会計，特殊法人等，独立行政法人の財務書類を連結したもの）を企業会計で用いられる連結の手法を用いて国全体の財務書類が誘導的に作成されることになった。その結果，1999年度から統計的手法により作成されてきた「国の貸借対照表」は，2002年度まで作成され，2003年度からは，省庁別財務書類を連結して作成される「国の財務書類（全体版）」に置き換えられることとなった。

第2編　公会計と公監査の理論と制度

3　省庁別財務書類の概要

3—1　省庁別財務書類の対象範囲

　企業会計においては，連結財務諸表と個別財務諸表の2種類の財務諸表の作成が求められる。これに対し，省庁別財務書類は対象範囲の異なる5種類の財務書類を作成することが求められている。省庁別を作成単位とするものが，一般会計のみで作成する「一般会計省庁別財務書類」，一般会計と特別会計を連結する「省庁別財務書類」，さらに，特殊法人等や独立行政法人を連結する「省庁別連結財務書類」である。そして，特別会計の勘定を単位に作成するものが，特別会計を対象とする「特別会計財務書類」，特別会計に特殊法人等や独立行政法人を連結する「特別会計連結財務書類」である。

　これらの対象範囲を示したものが図表5-4である。省庁別連結財務書類が省庁別に国の会計を統合したものとなっており，2003年度以降は，この省庁別

図表5-4　省庁別財務書類の対象範囲

財務書類	一般会計	特別会計	独立行政法人・特殊法人等	
			特別会計関係	その他
一般会計省庁別財務書類	⟷	--	--	--
特別会計財務書類		⟷		
特別会計連結財務書類		⟵―――⟶		
省庁別財務書類	⟵―⟶			
省庁別連結財務書類	⟵――――――――――――――⟶			

連結財務書類を連結して,国全体にかかる「国の財務書類(全体版)」が作成されている。

3−2　省庁別財務書類の体系

　省庁別財務書類は,貸借対照表,業務費用計算書,資産・負債差額増減計算書,区分別収支計算書からなっており,それらの関係は図表5-5のとおりである。具体的には,資産・負債差額増減計算書において,区分別収支計算書で計算された配賦財源の額と目的税や手数料等の主管財源の額の合計額から,業務費用計算書で計上された額の合計額(業務費用)を控除し,その他の項目を加減することで,資産・負債差額の期首と期末の増減額を計算する。期首貸借対照表の資産・負債差額に資産・負債差額増減計算書で計算した増減額を加減して,期末貸借対照表の資産・負債差額の金額となる。一方,期首貸借対照表の現預金と期末貸借対照表の現預金の額の差額の明細を示しているのが,区分別収支計算書である。

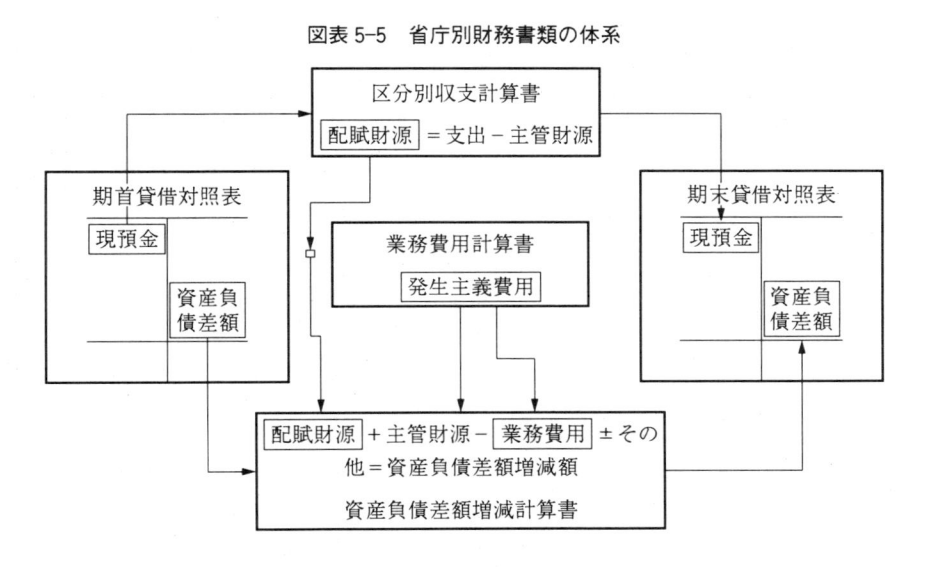

図表5-5　省庁別財務書類の体系

```
                区分別収支計算書
                配賦財源 = 支出 − 主管財源

 期首貸借対照表                      期末貸借対照表
  現預金            業務費用計算書      現預金
                    発生主義費用
  資産負                              資産負
  債差額                              債差額

          配賦財源 + 主管財源 − 業務費用 ± その
          他 = 資産負債差額増減額
                資産負債差額増減計算書
```

以下に個別の財務書類を説明しよう。
① 貸借対照表

貸借対照表は，会計年度末において各省庁に帰属する資産および負債の状況を明らかにするために作成する財務書類である。資産と負債，資産・負債差額に区分する。

企業会計における純資産を「資産・負債差額」として，一括して計上することとしている。それは，企業会計のような払込資本に関する取引がないし，公会計における資本概念を想定するのが難しいこと，さらに，国の会計において利益計算（損益計算）の意義は乏しく，そのため，純資産の増殖を目的とするという企業会計的な目的を想定しても意味がないからである。また，国の資産や負債は，一定の仮定をおいて金額が査定されたものであり，その評価額をもって将来の支払い財源に充てるあるいは支払いのためのバッファとなるものではないからである。

つまり，国の貸借対照表は，実質的な意味において，資産と負債を羅列して表示するという財産目録としての意味しかないということもできよう。言い換えれば，公会計では，企業会計におけるのと同様な複式簿記は存在しえないこととなる。なぜなら，利益を目標としない公会計では，純資産の増殖に積極的な意味は存在しないことから，純資産の増加要素としての収益，減少要素としての費用という概念を想定しても，形式的な整合性以上の意味を見いだせないからである。たとえ資産・負債差額の原因分析に意味がある場合が想定できたとしても，その増減要因は「資産・負債差額増減計算書」において，資産と負債の増減要因を明らかにすることとしたため，貸借対照表において原因分析をする必要がなく，一括表示することとなったのである。

国の貸借対照表では資産を「過去の取引または事象の結果として各省庁に帰属する資源であって，これにより，将来の業務提供能力または経済的便益が期待されるもの」と定義し，国の業務に用いられている資産のみならず，売却して資金化する等の経済的便益が予定されている資産についても資産計上している。また，原則として流動性配列法を採用しているが，流動と固定の区別は行

第5章 国の公会計制度

わない。国の支払能力を開示するものではないからである。

　有形固定資産のうち，公共用財産を除く国有財産については，国有財産台帳で管理されている価額を基礎として，償却資産については，減価償却を実施した額で評価する。すでに管理されている価額がある一方，取得原価の把握には多大な手間とコストが必要であること，時価が反映した価額によることにより，将来の経済的便益のみならず業務提供能力を示すものであると判断できることから，国有財産台帳を基礎とした価額で評価することとしたものである。

　一方，道路や河川等の公共用財産については，国有財産台帳による管理が行われておらず，また，売却等を予定していないことから，過去の用地費や事業費等を累計することにより，取得原価を推計して計上することとしている。

　公的年金にかかる負債についてとくに計上せず，将来の年金給付のために積み立てている資産相当分を「公的年金預り金」として負債に計上し，年金にかかる資産と負債を実質的に中立とした計上を行っている。公的年金に関する負債についてはさまざまな考え方がありうる。国は国民に対し年金給付の約束をしているが，その資金は賦課方式により支払時点の収入によりまかなうこととしている。つまり，約束時点での資金的裏付けのないまま年金の支払いを約束しているものであり，国（政府）ならではの制度ということができる。このような賦課方式を会計的にどう表示するのか。国には年金支給の義務があるので，それを開示するべきという考え方，資金的裏付けができるのは年金支払い時のみであり，その時点までは負債と考えるべきではないとする考え方があり，どちらを採用するべきかということで激しい議論がなされた。

　その結果，上記の負債として計上しないという結論となったのは，公的年金の負債についての議論が決着したというよりも，公的年金を負債として計上すると貸借対照表の持つ意味が失われるということが危惧されたからである。公的年金を負債として計上すると，資金的裏付けのない負債を多額に計上することになるが，それが国の実態として適切かどうかということが問題となった。

　前述のとおり，支払い時まで資金的裏付けのない約束をしているのは事実だが，そのことと実際に年金が支払われるかどうかは関係がない。それが賦課方

式というものである。とすれば，公的年金にかかる債務をそのまま計上するよりも，このような事実を注記として詳細に開示するとともに，年金にかかる管理が適切に行われているかどうかを開示すべきということになったものである。そのため，負債として年金資産としてあるべき額を計上し，年金資産との差額のあり方により管理状況を示すこととなったのである。

ただし，その後，2007年に年金資産と同額を年金預り金として計上するという処理に変更した。これは，年金資産としてあるべき金額自体が説明のための金額に過ぎず，管理に使われていないという実態を反映したものである。その結果，年金資産と年金預り金は同額で計上され，公的年金にかかる管理情報は示されなくなった。今後，賦課方式という特殊な管理方式を適切に開示する会計処理のあり方が求められよう。

② 業務費用計算書

業務費用計算書は，各省庁の業務実施に伴い発生した費用を明らかにする計算書であり，名前の通り，業務にかかる費用のみを計上している。

企業会計では，企業の経営成績を明らかにするために損益計算書を作成する。そこでは，収益と費用を対応させるべく計算書が作成されている。したがって，収益と費用をその対応関係に従って記載し，営業費用，経常費用，当期純利益等の企業の経営成績を示す金額を計算している。

これに対し，政府は企業のように利潤を目的とした団体ではなく，税金等の形で別途徴収された資金を一定の行政目的のために配分あるいは費消する団体である。手数料や目的税等，受益と負担の関係が想定しうる業務や会計もあるが，企業会計のように，収益の獲得を目的として費用を支弁するのではなく，費用の負担としての手数料の徴収であり，根本的に異なった考え方に基づいている。収益獲得のための犠牲（＝費用）という企業会計の考え方と，受益者等による費用の負担のための収入という公会計の考え方は発想が逆であり，会計のあり方も異なることになる。

そもそも，企業会計においても費用と収益は直接に関連しているものではない。費用をかけて作った財やサービスを提供し，それに対する満足（あるいは

満足に対する予測）が発生し，それに対する金銭的評価の支払いとして収益があるのである。つまり，「費用→満足→収益」であり，費用と収益が直接に関連しているわけではない。政府における手数料や使用料等は，満足の対価として金銭的評価を行って支払うものではなく，費用の支弁としての支払いでしかない。したがって，「費用→満足」しか存在しないものである。とすれば，満足そのものの評価は会計的に行うことができず，住民はどれだけの満足を得たかという観点は別途測定されることとなる。行政評価も投入に対する満足度を評価することになるので，省庁別財務書類においては，費用の面だけを取り出して計算書を作成することにしたのである。

　もちろん，国の業務の中で，企業会計における収益に相当するような，対価的な手数料あるいは目的税と位置づけることができるものもあるかもしれない。また，特別会計等において，他会計からの繰り入れについて業務の対価として計算されているものもあると思われる。しかし，国の会計のうち，大部分の会計は，手数料や目的税を徴収する例が少ない上に，その対価性が企業会計と同様であると判断できるものはほとんどない。そのため，業務費用計算書として，費用のみを計上することとなったものである。

③　資産・負債差額増減計算書

　資産・負債差額増減計算書は，前年度末の貸借対照表の資産・負債差額と本年度末の貸借対照表の資産・負債差額の増減について，要因別に開示するために作成される計算書である。

　業務費用計算書が費用項目のみを計上する計算書であり，貸借対照表の資産・負債差額の減少要因のみを説明しているということができる。しかし，手数料や目的税のように省庁と関係の深い収入項目があるし，各省庁は予算という形で支出権限が与えられ，費用や資産への支出が行われるが，その権限の付与は税収や国債等の収入を各省庁に配分したものと考えることができる。このように，各省庁の費用の支出の源泉は，資産・負債差額の増加要因であり，「財源」として資産・負債差額増減計算書に計上している。財源は，手数料等の「自己収入」，目的税による収入等を「目的税等収入」および他会計繰入金

に区分している。

それ以外にも，無償の所管換の項目，資産の評価損益，歳入歳出外の資金増減等，貸借対照表の資産・負債差額の増加あるいは減少の要因を計上し，期首と期末の貸借対照表の資産・負債差額の連動を図っている。

④　区分別収支計算書

区分別収支計算書は，各省庁の財政資金の流れを明らかにするために作成される計算書である。歳入・歳出決算の係数を業務収支と財務収支の区分に並べ替えて作成する。

企業会計では，現金および現金同等物の増減という形でキャッシュフロー計算書が作成される。損益計算書で開示される経営成績とは異なっており，企業の採用する会計処理による差異を排除した経営成績を示し，企業の支払い能力，資金創出能力等を比較可能な形で評価するものである。そのため，増減の対象である資金概念が特定されている。さらに，営業活動，投資活動および財務活動の3区分にして開示している。

それに対し，国においては，その業務の執行が予算に基づいて行われるが，その結果はキャッシュフローの増減として，歳入・歳出決算によって示されることになる。その意味で，歳入・歳出決算は国のキャッシュフロー計算書と位置付けることができよう。決算書は法律に基づき強制的に確保された税収等の収入（資金）を政策目的に従って予算を執行した結果を示したものであるが，予算統制等を重視した観点からの，組織別，目的別の詳細な区分表示となっており，一覧性等の面でわかりにくくなっている。そもそも，企業会計のように，国における支払能力や資金創出能力を評価することが必要でないことから，資金概念を特定してその増減を示すことが必要ということにはならない。したがって，企業会計におけるキャッシュフロー計算書と同じ観点からの計算書は必要ではないことになる。しかし，わかりにくいとされる歳入・歳出決算を企業会計的な様式で開示することには意味があるといえよう。そのため，歳入・歳出決算の計数を企業会計のキャッシュフロー計算書と同様の様式に並べ替えて，区分別収支計算書として開示することとしたのである。この場合の資金概

第5章　国の公会計制度

図表5-6　国の財務書類の概要

平成19年度国の財務書類（一般会計・特別会計）の概要（決算）

出所：財務省資料。

念は，企業会計とは異なり，貸借対照表の「現金および預金」と実質的に同じことになる。

開示の区分として，企業会計と同様，営業活動，投資活動，財務活動の3区分とすることは適当とは言えない。国の活動において，施設の建設や整備を行うことは本来の業務の一部であり，それをあえて区分する必要はない。そのため，各省庁の本業にかかる業務収支と国債の発行等の財務収支の2区分としている。具体的には，国債の発行や返済，利息の支払いや事務取扱額等の資金調達および返済にかかる収支を財務収支とし，財務収支以外の収支を各省庁本来の業務にかかる収支として業務収支に計上する。ただし，業務収支は，財源と業務支出に区分する。さらに，財源を目的税や手数料等の「主管の収納済歳入額」と一般会計等からの繰入額である「配賦財源」等に区分するが，配賦財源計上額は，資産・負債差額増減計算書における配賦財源となる。一方，業務支出は，長期的な資金固定がなされるかどうかという観点を明らかにするべく，施設整備支出を除く業務支出と施設整備支出に区分する。

区分別収支計算書は，期首と期末の貸借対照表の現金預金の増減を説明する計算書となっているとともに，「配賦財源」の計算を通して，資産・負債差額増減計算書とも連動している。

なお，道路や港湾等の公共用財産の整備を行う公共事業特別会計の一部において，公共用財産が完成すると一般会計に自動的に移管されることとなっているものがある。このような特別会計では，財源が一般会計から繰り入れられ，完成すると公共用財産の一般会計への繰り入れが行われる。これを，一般会計からみた場合，このような公共事業特別会計の財源繰り入れを施設整備支出とする考え方もありうる。しかし，施設整備にかかる支出を行うのは当該特別会計であり，一般会計としては業務支出に計上することとした。

4　省庁別財務書類をめぐるいくつかの論点

4−1　国の組織における会計主体性

　国の会計において，予算の単位と組織の単位が一致していないことが問題点としてあげられる。企業会計においては，その公準の1つに「企業実体の公準」があり，会計の範囲と組織の単位が一致することが前提になっている。しかし，国の会計においては，例えば，社会保険庁の予算や決算は存在せず，さまざまな予算のうち，社会保険庁が執行するべき予算について執行し，その他は厚生労働省等が執行する。このように，予算の単位と組織の単位は「多対多」の対応となっている。企業会計では，企業実体の公準にあるように，組織の単位と会計の単位が「1対1」で対応することが当然であり，企業会計を前提にすると，国の会計の在り方は奇異に見える面がある。

　本来ならば，行政評価との連動を図るべく，個別の事業・施策に着目したディスクロージャーが行われるべきであり，それが組織の単位と一致するのが望ましい。個別の事業・施策に予算が付けられ，それを責任を持って実施する組織が1つあることにより，当該事業・施策の評価がなされるとともに，それを実行した組織の長および担当者の評価に連動するからである。

　そして，予算の単位と組織の単位が一致するのが，「省庁」である。つまり，組織は省庁別となっているとともに，支出予算は省庁別に明確に区分されているからである。省庁という大きな単位で考えるならば，予算の執行の結果について責任を組織としてとらえることが可能となる。しかし，省庁は消費主体に過ぎないため，企業会計的な会計主体とは言えない。しかも，財政運営は，国全体で収支のバランスを取っており，省庁別に収支バランスを取っているわけではない。とすれば，省庁自体も会計主体としてとらえることはできないことになるが，各省庁を会計主体として擬制することは可能ということができる。省庁は予算の執行単位であり，行政評価の主体となっているし，行政の説明責任は各省庁というのが実態であり，財務省で計上される租税収入等を各省庁に

配分することを擬制すれば，会計主体として考えることが可能だからである。

4—2　出納整理期間の取扱

　省庁別財務書類の作成基準日は会計年度末（3月31日）となっている。しかし，政府の会計には出納整理期間が設けられており，決算後においても国は4月末，地方は5月末までに前年度に係る収入と支出については，前年度分の収支として経理することが認められている。これは，歳入歳出決算が現金主義会計で記帳されるため，出納整理期間に前年度分を記帳することで，できる限り発生主義的な決算とするための工夫である。そして，省庁別財務書類は出納整理期間の歳入と歳出にかかる受け払いを終了した後の計数を会計年度末（3月31日）の計数として処理している。

　出納整理期間後の計数で財務書類を作成するのは，歳入歳出決算が出納整理期間の収支を整理した後で作成されており，その整合性を図るためであり，ダブルスタンダードを回避するためである。さらに，期末時点における未収や未払いの見積もりが難しいという問題もある。実際の経理処理を行う担当者は，未収や未払いの見積もりを行っておらず，その信頼性を確保するのに時間がかかるとされるためである。出納整理期間による調整を行えば，未収や未払いの見積もりを行わなくても，ほぼ同じような計数が計上されることが想定されるということも挙げられている。

　しかし，出納整理期間に前年度分の収入・支出のみならず，当年度分の収入・支出が経理されるため，当年度と前年度をまたぐ不適正な経理が行われる可能性がある。前年度と当年度の収支をやりくりして借入金残高を隠ぺいした夕張市の粉飾処理は記憶に新しい。

　企業会計では，決算日のカットオフが厳密に守られるため，前年度と今年度の資金収支のやりくりによる不正は行うことができない。そのような不正を行えば，財務諸表の計上額がゆがんだり，財務諸表の計数と実際の残高が合わなくなる等の問題が生ずるからである。それに対し，出納整理期間の収支をやり取りした不正は，簿記法にかかわらず発見，摘発することが難しい。財務書類

の計上額をゆがめないし，財務書類の計数と実際の残高が合わなくなっていることについての検証ができないからである。

そもそも，貸借対照表は，決算日時点の資産と負債およびその差額を借方と貸方に対照的に表示したものである。しかし，出納整理期間における前年度にかかる収入と支出を経理した残高は，どこにも存在しない計算上だけのバーチャルな残高となっている。例えば，現金預金についていえば，3月末の実際の残高に，4月に前年度分の歳入と歳出にかかる収支を調整した残高が貸借対照表上の会計年度末（3月末）残高となる。4月は当年度分の収支も経理されており，貸借対照表上の現金預金残高は，3月末の実際残高でもないし，4月末の実際残高でもない，計算上のみの金額となっている。このような現預金残高は検証がほとんど不可能であり，正しい金額であるかどうか分からない。そのような貸借対照表が役に立つものであるかどうかの検討が必要であろう。

さらに，出納整理期間後の残高を経理するため，決算作業が4月末あるいはそれ以後からスタートすることとなり，ディスクロージャーが遅くなるという問題もある。企業会計において，四半期決算や決算発表の短縮化が要請されているときに，国の省庁別財務書類のディスクロージャーが遅くなることが容認されべきかどうかについての議論も必要であろう。

4—3　機会費用と公債関連情報

省庁別財務書類において，財務書類に計上するのではなく，注記となった事項が存在する。前述の公的年金にかかる債務についても，貸借対照表に計上するのではなく，注記により開示する。それ以外にも，機会費用と公債関連情報が注記による開示となっている。

業務実施にかかるコストには，実際に支出した費用のみならず，減価償却費や引当金繰入額等の未支出の費用もあるし，各省庁の業務実施にかかる資金の調達コストや特別会計において，一般会計が負担している人件費や庁舎等のコストのような機会原価もある。これらのコストは，業務実施のために発生したコストであり，業務費用計算書において開示する必要がある。このうち，支出

費用と減価償却費や引当金繰入額等の未支出の費用については，業務費用計算書に計上される。未支出の費用は一定の仮定に基づいて計上されるが，その合理性についての一般的な合意があり，企業会計と同様の信頼性を確保することが可能となる。しかし，機会原価については，その金額の算定等において，さまざまな仮定に基づいて計上する必要がある上に，その仮定についての一般的な合意があるとは言い難い。また，さまざまな機会原価を財務書類に計上すると，情報の正確性が大きく劣ることになるし，予算統制を大きく離れたコスト計上について無制限に認めることも問題がある。そのため，総額については支出費用として認識されているが，各省庁への配分基準が明確ではない費用を機会費用ととらえ，各省庁への配分額を機会原価として注記することとしたのである。

具体的には，資金調達にかかるコストである。財務省が一括して資金調達しており，資金調達にかかるコストは全体としては支出費用として明らかである。ただし，各省庁は予算の執行等において，その資金調達コストを実質的には負担しているはずである。しかし，予算決算，つまりキャッシュフロー上で明らかではない。各省庁に一定の基準で配賦するとしても，その配分基準について正確性や明確性が明らかでないことから，機会費用として注記することとなったものである。

一方，国債等の公債に関しても，同様の議論が成り立つ。各省庁の執行する予算は，財務省が税金や借入金（公債）で調達した資金が裏付けとなっており，各省庁は実質的に公債を負担しているということができる。しかし，その配分が明らかではない。通常，建設国債で調達した資金は固定資産の取得や整備に充てられるが，その配分をどのように考えるか，いわゆる赤字国債を各省庁にどのような基準で配分するかについての考え方にさまざまなものがありうる。とくに，借換債の負担については，どのような仮定を想定するか，合理的な基準を策定することが難しいといえよう。また，公債残高と前述の資金調達にかかるコストは同じ基準で配分するべきであろうが，合理性を追求すると残高の配分基準とコストの配分基準に差異が生じる可能性がある。さらに，そのよう

な仮定に仮定を積み重ねた公債の負担は，各省庁の説明責任を超えている可能性がある。そのため，省庁別財務書類では公債関連情報として，省庁別の公債残高と各省庁が負担すべき資金調達のコストを注記として開示している。

〈参考文献〉

財政制度等審議会「省庁別財務書類の作成について，平成16年6月17日（平成19年11月19日改訂）」，財務省，2007年6月。

財政制度等審議会「公会計整備の一層の推進に向けて～中間とりまとめ～」，財務省，2006年6月。

総務省行政管理局，財務省主計局，日本公認会計士協会「「独立行政法人会計基準」及び「独立行政法人会計基準注解」に関するQ&A，平成12年8月（平成20年2月最終改訂）」，総務省・財務省・日本公認会計士協会，2009年2月。

総務省「新地方公会計制度研究会報告書」，総務省，2006年5月。

東京都「東京都の新たな公会計制度」，東京都，2006年4月。

第6章

地方自治体の公会計制度

　地方財政は，個々には地方自治体の一般会計と特別会計で区分されてまとめられるが，地方財政全体では決算統計上の会計として普通会計と公営事業会計で括られる。それぞれ会計処理の方式や内容が異なる。会計区分等を解説しながら，自治体の公会計制度をみよう。

1　地方自治体の会計区分

　地方自治体の会計は，個々に条例で一般会計と特別会計を定めて設置している。本来，国と同様に地方も会計は単一であること（単一予算主義）が望ましい。しかし，国と同じ理由で広範な事務を単一の会計で処理することは却って不透明とすることなどから，地方自治法は一般会計のほかに特別会計を条例で設置することを認めている（同法209条第2項）。

　特別会計には，各地方自治体の条例で定めて設置する特別会計と法令で設置が義務づけられているものがある。法令で設置が義務づけられているのは，地方財政法施行令が13事業（水道，工業用水道，交通，電気，ガス，簡易水道，港湾整備，病院，市場，と畜場，観光施設，宅地造成，公共下水道）であり（同法第

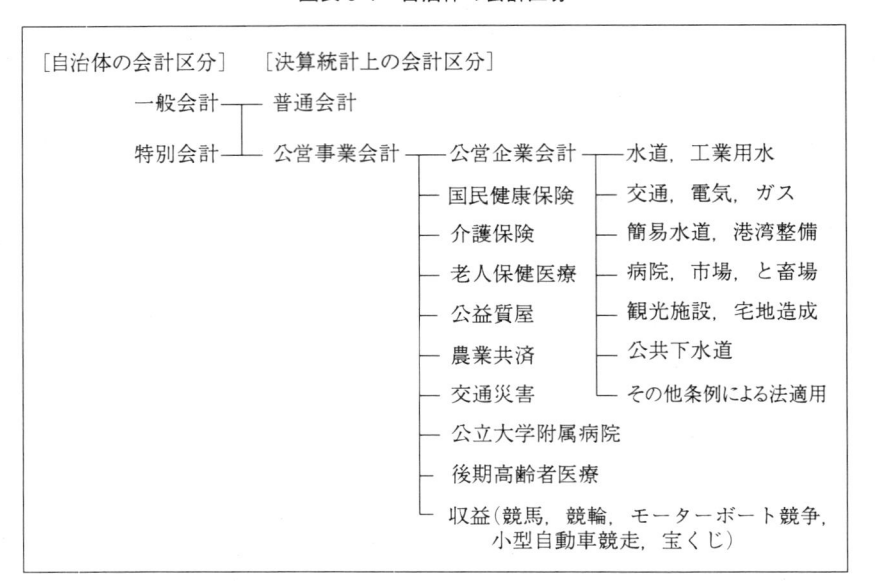

第2編　公会計と公監査の理論と制度

図表 6-1　自治体の会計区分

```
[自治体の会計区分]      [決算統計上の会計区分]
    ┌─ 一般会計 ──── 普通会計
    │
    └─ 特別会計 ──┬─ 公営事業会計 ──┬─ 公営企業会計 ──┬─ 水道，工業用水
                                   │                  ├─ 交通，電気，ガス
                                   ├─ 国民健康保険     ├─ 簡易水道，港湾整備
                                   ├─ 介護保険         ├─ 病院，市場，と畜場
                                   ├─ 老人保健医療     ├─ 観光施設，宅地造成
                                   ├─ 公益質屋         ├─ 公共下水道
                                   ├─ 農業共済         └─ その他条例による法適用
                                   ├─ 交通災害
                                   ├─ 公立大学附属病院
                                   ├─ 後期高齢者医療
                                   └─ 収益（競馬，競輪，モーターボート競争，
                                          小型自動車競走，宝くじ）
```

37条)，また地方公営企業法が8事業（水道，工業用水道，交通（軌道，自動車運送，鉄道），電気，ガス，病院（財務規定等のみ適用））について事業を行う場合には特別会計の設置を義務づけている。さらにこのほか，国民健康保険事業，介護保険事業，後期高齢者医療事業，収益事業（競馬，競輪等）については個々の法律により設置を義務づけている。合計すると，20を超える事業が特別会計で経理されている。

　なおこれらの会計処理は，地方公営企業法の財務規定等の適用があるものは企業会計と同様の会計処理を行うが，そのほかは一般会計と同じ現金主義会計で経理されている。

2　地方自治体の会計制度の制定

2－1　一般会計の会計処理

　地方自治体の一般会計の会計処理方式も国と同様に現金主義会計である。会計年度の規定についてみると，会計年度は歳入・歳出を区分して整理するために設けられた期間をいい，毎年4月1日に始まり翌年3月31日に終わる。また各会計年度の歳出は，その年度の歳入をもって充当しなければならず，例外を除き，毎会計年度の歳出予算の経費の金額は翌年度に使用することができない。

　ただし例外として，継続費（予算で定めて数年度にわたり支出する経費）の逓次繰越し，繰越明許費（予算で定めて翌年度に繰り越して使用する経費），事故繰越し（避けがたい事故のため年度内に支出を終わらなかった経費），過年度収入および過年度支出（年度を越えた収入・支出），歳計剰余金の繰越し（各年度の決算剰余金の歳入への編入）および翌年度歳入の繰上充用（歳入が歳出に不足する場合）などがある。これらは予算単年度主義の例外をなすものである。

2－2　特別会計の会計処理

　地方自治体における特別会計は，「普通地方公共団体が特定の事業を行なう場合その他特定の歳入をもって特定の歳出に充て一般の歳入歳出と区分して経理する必要がある場合において，条例でこれを設置することができる」（地方自治法第209条第2項）と定められている。したがって特別会計の設置は，事業を実施する場合に設置が義務づけられている水道や病院などの公営企業や国民健康保険や介護保険などの事業のほかは，条例により任意に設置することができる。

　特別会計の歳入・歳出に関する経費の分類（款・項・目の区分）は，一般会計のように具体的な様式はなく，会計（事業）ごとに地方自治体の長が定めた区分によるものとされる（法施行規則15条，同別記様式）。また特別会計には，一

般会計と同様の現金主義会計を採用する会計（母子寡婦福祉資金貸付事業会計等の公営企業会計に属さない特別会計）と，発生主義会計の企業会計方式を採用する会計（水道，交通，病院等の公営企業法適用の公営企業会計）がある。

ただし公営企業会計は，企業会計方式といえども財務諸表の種類や資本の構成等において民間企業の会計と異なっているところがある。

3　地方自治体の会計と財政状況

3—1　会計区分と決算書類

自治体の会計区分は図表6-2のように，個別自治体では一般会計と特別会計であるが，決算統計上は普通会計と公営事業会計である。基本的には自治体の決算は，一般会計と特別会計の歳入歳出予算についてこれを調整しなければならないとされ，その決算書類は「歳入歳出決算書」，「歳入歳出決算事項別明細書」，「実質収支に関する調書」および「財産に関する調書」である。一方，普通会計と公営事業会計については，これとは別に総務省より全自治体に地方財政状況調査依頼としてとしてまとめられる際の会計であり，普通会計の決算は「地方財政状況調査表」としてまとめられ，これを集計したものが「決算状況」（図表6-3）であり通称として「決算カード」と呼んでいる。また普通会計以外の特別会計は公営事業会計としてまとめられる。地方財政状況調査でまとめられた決算統計は，「地方財政の状況」として『地方財政白書』や『地方公共団体普通会計決算の概要』として公表されている。

3—2　普通会計の決算と財政分析

個々の自治体で財政状況を分析する場合には，一般会計と特別会計の収支や経費の支出状況がどうであったかを分析する。住民にとって支払った税金がどのように使われたかの分析は重要な問題である。最近は自治体のアカウンタビリティ（説明責任）が強く求められ，自治体でホームページや広報誌などで独

第6章　地方自治体の公会計制度

図表6-2　自治体の会計区分と決算書類

自治体の会計区分と決算書類				決算統計上の会計区分と決算書類	
決算書類	会計	事業		会計	決算書類
歳入歳出決算書, 歳入歳出決算事項明細書, 実質収支に関する調書, 財産に関する調書	一般会計	一般行政事務		普通会計	地方財政状況調査表, 決算状況（決算カード）
歳入歳出決算書, 証書類等	特別会計	設置義務なし	公営事業会計以外の事業で条例で設置：市街地再開発事業，埋立事業，母子福祉貸付金事業，公債管理事業など		
決算報告書, 貸借対照表, 損益計算書, 剰余金計算書又は欠損金計算書等（企業会計方式による決算）		設置義務あり	公営企業	地方財政法上の事業：上水道，工業用水，交通，電気，ガス，簡易水道，港湾整備，病院，市場，と蓄場，下水道，観光施設，宅地造成，下水道，駐車場整備，その他条例で設置	公営事業会計	決算報告書, 貸借対照表, 損益計算書, 剰余金計算書又は欠損金計算書等（企業会計方式による決算）
			地方公営企業法の事業：①水道，②工業用水道，③軌道，④電気，⑤ガス，⑥簡易水道，⑦港湾整備，⑧病院（財務のみ）		
歳入歳出決算書, 証書類等			特別会計の設置が義務付けられる事業：老人保健医療事業，国民健康保険事業，介護保険事業，公立大学付属病院事業，交通災害共済事業，農業共済事業，後期高齢者医療事業，収益事業（競馬，自転車競走，小型自動車競走，モーターボート競走，宝くじ）		地方財政状況調査表, 決算状況

図表 6-3　自治体の「決算状況」（決算カード）の例

平成19年度 決算状況

人口		
人口	17年度国調	82,340人
	12年度国調	83,855人
	増減率	−1.8%
住民基本台帳人口	20.3.31	81,295人
	19.3.31	81,802人
	増減率	−0.6%

産業構造 区分	17年国調	12年国調
第1次	1,936 4.9	2,084 5.0
第2次	12,845 32.4	14,772 35.3
第3次	24,705 62.3	24,894 59.5

面積（km²）	122.06
人口密度（人）	675

都道府県名	団体名	市町村類型	Ⅱ-1
09	2037	地方交付税種地	Ⅰ-4
栃木県	栃木市		

歳入の状況（単位千円・%）

区分	決算額	構成比	経常一般財源等	構成比
地方税	11,406,503	43.4	10,591,465	71.4
地方譲与税	309,055	1.2	309,055	2.1
利子割交付金	42,837	0.2	42,837	0.3
配当割交付金	38,102	0.1	38,102	0.3
株式等譲渡所得割交付金	21,842	0.1	21,842	0.1
地方消費税交付金	820,031	3.1	820,031	5.5
ゴルフ場利用税交付金	280,397	1.1	280,397	1.9
特別地方消費税交付金	—	—	—	—
自動車取得税交付金	182,852	0.7	182,852	1.2
軽油引取税交付金	—	—	—	—
地方特例交付金等	65,907	0.3	65,907	0.4
地方特例交付金	36,396	0.1	36,396	0.2
特別交付金	29,511	0.1	29,511	0.2
地方交付税	2,842,976	10.8	2,414,912	16.3
普通交付税	2,414,912	9.2	2,414,912	16.3
特別交付税	428,064	1.6	—	—
一般財源計	16,010,502	60.9	14,767,400	99.5
交通安全対策特別交付金	16,491	0.1	16,491	0.1
分担金・負担金	178,516	0.7	—	—
使用料	411,662	1.6	30,693	0.2
手数料	69,662	0.3	—	—
国庫支出金	1,894,727	7.2	—	—
国有提供交付金（特別区財調交付金）	—	—	—	—
都道府県支出金	1,281,183	4.9	—	—
財産収入	626,675	2.4	21,804	0.1
寄附金	3,290	0.0	—	—
繰入金	1,290,246	4.9	—	—
繰越金	877,628	3.3	—	—
諸収入	2,150,201	8.2	3,260	0.0
地方債	1,463,000	5.6	—	—
うち減収補てん債（特例分）	—	—	—	—
うち臨時財政対策債	693,200	2.6	—	—
歳入合計	26,273,783	100.0	14,839,648	100.0

性質別歳出の状況（単位千円・%）

区分	決算額	構成比	充当一般財源等	経常経費充当一般財源等	経常収支比率
人件費	5,055,355	19.8	4,701,874	4,358,647	28.1
うち職員給	3,328,553	13.0	3,007,205	—	—
扶助費	3,428,177	13.4	1,200,369	1,198,492	7.7
公債費	3,397,149	13.3	3,260,278	3,219,556	20.7
内訳 元利償還金	3,396,019	13.3	3,259,148	3,218,426	20.7
内訳 一時借入金利子	1,130	0.0	1,130	1,130	0.0
義務的経費計	11,880,681	46.5	9,162,521	8,776,695	56.5
物件費	2,908,492	11.4	2,138,304	1,429,223	9.2
維持補修費	111,994	0.4	85,474	85,474	0.6
補助費等	2,760,173	10.8	2,574,416	2,117,080	13.6
うち一部事務組合負担金	1,866,283	7.3	1,866,283	1,756,887	11.3
繰出金	2,976,552	11.6	2,701,787	2,195,840	14.1
積立金	1,299,034	5.1	835,299	—	—
投資・出資金・貸付金	1,501,177	5.9	—	—	—
前年度繰上充用金	—	—	—		
投資的経費	2,112,137	8.3	635,038		
うち人件費	259,692	1.0	255,214		
内訳 普通建設事業費	2,112,137	8.3	635,038		
うち補助	500,699	2.0	116,545		
うち単独	1,543,966	6.0	493,021		
内訳 災害復旧事業費	—	—	—		
内訳 失業対策事業費	—	—	—		
歳出合計	25,550,240	100.0	18,132,839		

経常経費充当一般財源等計	14,604,312千円
経常収支比率	94.0%　98.4%（減収補てん債（特例分）及び臨時財政対策債除く）
歳入一般財源等	18,856,382千円

市町村税の状況（単位千円・%）

区分	収入済額	構成比	超過課税分
普通税	10,568,469	92.7	158,460
法定普通税	10,568,469	92.7	158,460
市町村民税	4,875,162	42.7	158,460
個人均等割	112,361	1.0	—
所得割	3,794,785	33.3	—
法人均等割	280,756	2.5	46,658
法人税割	687,260	6.0	111,802
固定資産税	5,018,472	44.0	—
うち純固定資産税	5,005,322	43.9	—
軽自動車税	120,872	1.1	—
市町村たばこ税	543,714	4.8	—
鉱産税	3,709	0.0	—
特別土地保有税	6,540	0.1	—
法定外普通税	—	—	—
目的税	838,034	7.3	—
法定目的税	838,034	7.3	—
入湯税	22,996	0.2	—
事業所税	—	—	—
都市計画税	815,038	7.1	—
水利地益税等	—	—	—
法定外目的税	—	—	—
旧法による税	—	—	—
合計	11,406,503	100.0	158,460

目的別歳出の状況（単位千円・%）

区分	決算額(A)	構成比	(A)のうち普通建設事業費	(A)の充当一般財源等
議会費	234,009	0.9	301,304	234,009
総務費	4,268,856	16.7	121,918	3,226,082
民生費	6,816,299	26.7	136,573	3,957,099
衛生費	2,106,395	8.2	—	1,885,816
労働費	101,038	0.4	129,254	57,156
農林水産業費	322,694	1.3	7,133	213,910
商工費	1,785,028	7.0	1,320,294	322,144
土木費	3,236,281	12.7	21,575	2,152,856
消防費	828,969	3.2	74,086	808,937
教育費	2,453,522	9.6	—	2,014,552
災害復旧費	—	—	—	—
公債費	3,397,149	13.3	—	3,260,278
諸支出費	—	—	—	—
前年度繰上充用金	—	—	—	—
歳出合計	25,550,240	100.0	2,112,137	18,132,839

公営事業等への繰出	
合計	2,993,224
下水道	1,100,318
市場	112,306
上水道	16,672
工業用水道	—
国民健康保険	574,626
その他	1,189,302

国民健康保険事業会計の状況	
実質収支	480,072
再差引収支	408,592
加入世帯数（世帯）	16,886
被保険者数（人）	33,723
被保険者1人当り 保険税（料）収入額	91
被保険者1人当り 国庫支出金	67
被保険者1人当り 保険給付費	164

指定団体等の指定状況

旧新産	×
旧工特	×
低開発	×
旧産炭	×
山振	×
過疎	×
首部	○
近畿	×
中部	×
市町村圏	○
財政再建	×
指数表選定	○
財源超過	×

収支状況

区分	平成19年度（千円）	平成18年度（千円）
歳入総額	26,273,783	27,421,921
歳出総額	25,550,240	26,544,293
歳入歳出差引	723,543	877,628
翌年度に繰越すべき財源	1,683	11,539
実質収支	721,860	866,089
単年度収支	−144,229	146,481
積立金	436,542	638,157
繰上償還金	40,722	—
積立金取崩し額	457,000	913,000
実質単年度収支	−123,965	−128,362

一般職員等

区分	職員数（人）	給料月額（百円）	一人当たり平均給料月額（百円）
一般職員	536	1,805,060	3,368
うち技能労務員	98	294,230	3,002
教育公務員	6	22,980	3,830
消防職員	—	—	—
臨時職員	—	—	—
合計	542	1,828,040	3,373

一部事務組合加入の状況

職員公務災害	×	し尿処理	○
非常勤公務災害	×	ごみ処理	○
退職手当	×	火葬場	×
事務機共同	×	常備消防	○
税務事務	×	小学校	×
老人福祉	×	中学校	×
伝染病	×	その他	○

特別職等	定数	適用開始年月日	一人当たり平均給料（報酬）月額（百円）
市区町村長	1	16.04.01	10,070
副市区町村長	2	16.04.01	8,170
収入役	1	16.04.01	7,220
教育長	1	16.04.01	6,650
議会議長	1	9.09.01	5,350
議会副議長	1	9.09.01	4,450
議会議員	18	9.09.01	4,200

財政指標等

区分	平成19年度（千円）	平成18年度（千円）
基準財政収入額	9,597,614	9,250,323
基準財政需要額	12,028,015	12,044,280
標準税収入額等	12,490,105	12,025,253
標準財政規模	14,905,017	14,819,210
財政力指数	0.78	0.77
実質収支比率（%）	4.6	5.8
経常一般財源等比率（%）	95.1	103.8
公債費負担比率（%）	17.3	16.4
健全化判断比率 実質赤字比率（%）	—	—
健全化判断比率 連結実質赤字比率（%）	—	—
健全化判断比率 実質公債費比率（%）	12.7	17.2
健全化判断比率 将来負担比率（%）	85.1	—
積立金現在高 財調	744,052	764,510
積立金現在高 減債	60,718	101,090
積立金現在高 特定目的	4,007,777	3,938,159
地方債現在高	29,170,086	30,497,964
うち政府資金	19,395,270	19,870,337
債務負担行為額（支出予定額） 物件等購入	372,008	521,738
債務負担行為額（支出予定額） 保証・補償	—	—
債務負担行為額（支出予定額） その他	899,892	1,227,913
債務負担行為額（支出予定額） 実質的なもの	—	—
収益事業収入	—	—
土地開発基金現在高	—	—
徴収率（%）［現年・計］ 合計	97.5　89.8	97.7　88.9
徴収率（%）［現年・計］ 市町村民税	97.2　92.9	98.0　92.0
徴収率（%）［現年・計］ 純固定資産税	97.5　86.6	97.2　86.0

自に財政分析を行い公表しているところも少なくない。

　こうした個々の自治体の財政状況に加えて，国の財政や地方財政全体の中でどのような状況にあるかを分析することも重要である。この場合には，決算統計上の普通会計と公営事業会計の分析を行う。普通会計でまとめられる「決算状況」は，全自治体が共通の様式で作成するため，他の団体との比較ができるというメリットがある。とくに類似団体（人口と産業構造で類型化した団体）との比較分析は財政状況の特徴を知ることができる。総務省のホームページには決算統計をまとめた詳細な資料が掲載されているので参考になる。

　以下で決算カードに記載されている主要な財政指標の読み方を説明しておこう。財政指標は決算カードの右下の欄に掲載されている。財政指標は決算収支や財政力，経費収支の構造，公債費負担の状況等を比率等で表したものである。他の団体との比較等をとおして，おおよその財政状況を知ることができる。

＊主な財政指標とその内容

形式収支（歳入歳出差引）：歳入総額から歳出総額を控除した額。差引額が黒字であれば，剰余金が発生しているので条例で定めるほかは翌年度に繰越す。また仮に形式収支が赤字となることが明らかな場合には，特例的な措置として次年度の歳入を当該年度に繰入れる「繰上充用」が認められており赤字決算を回避する特異な制度がある。

実質収支：形式収支から「翌年度に繰越すべき財源」を控除した額。翌年度に繰越すべき財源とは，継続費逓次繰越額，繰越明許費繰越額および事故繰越繰越額のことで，これらは当年度の歳出予算に計上しながら年度内に支出せず翌年度以降の支出とするために繰越経理をする分である。

基準財政需要額：自治体が合理的で妥当な水準の行政活動を行うために必要な財政需要を各行政項目ごとに算定して求めた額。

基準財政収入額：標準税率で収入されうる地方税，各種交付金および地方譲与税の合計額で求める普通交付税の算定基準である。（普通税＋利子割交付金＋消費譲与税）×75％＋（地方譲与税－消費譲与税）で算定される額。75％の

分を基準税率，25%を留保財源率と呼んでいる。

標準税収入額：（基準財政収入額－地方譲与税）×75/100＋地方譲与税で求める額。

標準財政規模：標準税収入額に普通交付税の額を加えた額。一般財源の標準規模を表している。実質収支比率，経常一般財源比率などの分母となる。

財政力指数：基準財政収入額を基準財政需要額で割った値の過去3年間の平均値。1未満であれば需要額に収入額が足らないので普通交付税が交付され，1以上であれば収入超過であるから不交付となる。

経常収支比率：経常一般財源に対する経常経費充当一般財源の割合。地方税や普通交付税など経常的に収入される財源のうち，人件費や公債費などの経常的に支出される経費に充当される割合で財政構造の弾力性を判断する指標。比率が高くなるほど硬直化し100%を超えると借入などの臨時財源に頼らなければ経常的経費をまかなえなくなる。

公債費負担比率：一般財源総額に占める公債費に充当された一般財源の割合。財政の硬直性を示し15%を超えると警戒ライン，20%を超えると危険ラインなどとされる。

積立金現在高：財政調整基金，減債基金，特定目的基金の合計額。

地方債現在高：過去に発行した地方債の累積額をいい地方債残高ともいう。

債務負担行為額：翌年度以降に行う債務負担の限度額を予め予算の内容として決定しておくもので，土地などの物件購入，債務保証・損失補償，利子補給などがある。

健全化判断比率：財政健全化法で法定された以下4つの比率。

①実質赤字比率＝実質収支赤字の標準財政規模に対する比率

②連結実質赤字比率＝全会計（一般会計等（≒普通会計）＋公営事業会計）の実質赤字の標準財政規模に対する比率

③実質公債費比率＝一般会計等が負担する元利償還金および準元利償還金の標準財政規模に対する比率

④将来負担比率＝一般会計等が将来負担すべき実質的な負債の標準財政規模

に対する比率。なお実質的な負債とは，一般会計の地方債のほか公営企業の企業債や出資団体等で損失補償した分，さらに職員の退職金見込額などから基金等を控除した額。

3—3　普通会計の財政状況

総務省でまとめられた「平成19年度地方公共団体普通会計決算の概要」をもとに，都道府県（47団体），市町村（市町村1,793，特別区23，一部事務組合1,374，広域連合107，計3,297団体）の普通会計の状況（純計決算額）をみよう。

3—3—1　目的別経費の状況

自治体の経費を行政目的別に分類したのが図表6-4である。都道府県は小・中学校の人件費などが含まれている教育費が大きく，また，市町村は年々少子高齢化や景気低迷を受けて福祉関係費の民生費が大きい。また，公共施設などの整備を行う土木費と地方債の元利償還費である公債費は，都道府県・市町村に共通して大きい割合を占めている。

3—3—2　性質別経費の状況

経済的な性質に着目して分類すると，義務的経費（人件費，生活困窮者，児童，老人等に係る社会保障経費である扶助費，地方債の元利償還金，一時借入金利子の支払等の公債費），投資的経費（道路・橋りょう，公園，学校，公営住宅の建設等に要する経費）およびその他の経費に大別される。

都道府県・市町村に共通して人件費，扶助費，公債費の義務的経費が大きい。義務的経費は投資的経費などと異なり容易に短期間で削減することが難しく，計画的に支出をコントロールしなければ財政の硬直化を招いてしまう。とくに最近では生活保護世帯の急増で扶助費の増加が大きく，他の経費とともにより効率的な支出が求められている。

図表6-4　2007年度普通会計目的別決算（億円，％）

区　分	都道府県		市町村		純計	
	決算額	比率	決算額	比率	決算額	比率
議会費	801	0.2	3,555	0.7	4,357	0.5
総務費	33,567	7.1	62,633	13.0	89,058	10.0
民生費	51,696	10.9	135,449	28.1	169,760	19.0
衛生費	13,852	2.9	41,710	8.6	54,358	6.1
労働費	1,493	0.3	1,312	0.3	2,759	0.3
農林水産業費	25,955	5.5	12,987	2.7	34,523	3.9
商工費	33,597	7.1	16,336	3.4	49,494	5.6
土木費	65,522	13.8	70,590	14.6	133,907	15.0
消防費	2,171	0.5	16,779	3.5	18,198	2.0
警察費	33,746	7.1	—	—	33,744	3.8
教育費	113,330	23.9	51,675	10.7	164,317	18.4
災害復旧費	2,393	0.5	1,627	0.3	3,606	0.4
公債費	66,092	13.9	64,988	13.5	130,248	14.6
諸支出金	578	0.1	2,111	0.4	2,666	0.3
前年度繰上充用金	—	—	475	0.1	475	0.1
交付金等	30,083	6.3	—	—	—	—
歳出合計	474,882	100.0	482,232	100.0	891,476	100.0

注　『平成19年度地方公共団体普通会計決算の概要』（総務省，2008年）および『平成21年度地方財政白書』（総務省編）等を参考に筆者作成。端数処理の関係から合計と内訳は一致していない。純計は都道府県と市町村の歳入歳出を相殺した。

3－3－3　歳入の状況

　国も地方も基本的には財政は租税でまかなうべきであるが，景気低迷で税収が落ち込み国の予算は過半を公債でまかなわなければ予算が組めない事態に陥っている。地方も同様に厳しい歳入状況であり，2007年度の歳入に占める地方税の割合は約4割である。これに対して地方債は1割程度で国より公債の依存度は低いが一般財源である地方交付税がこれまで大きく削減されるなど，

図表6-5　2007年度普通会計性質別歳出決算額の状況（億円，％）

区　分	都道府県		市町村		純計	
	決算額	比率	決算額	比率	決算額	比率
人件費	150,869	31.8	101,693	21.1	252,563	28.3
物件費	15,054	3.2	61,122	12.7	76,176	8.5
維持補修費	3,850	0.8	6,038	1.3	9,888	1.1
扶助費	8,412	1.8	73,394	15.2	81,806	9.2
補助費等	99,721	21.0	32,801	6.8	74,708	8.4
普通建設事業費	75,030	15.8	66,023	13.7	135,243	15.2
災害復旧事業費	2,330	0.5	1,626	0.3	3,543	0.4
失業対策事業費	—	—	—	0.0	34	0.0
公債費	65,910	13.9	64,910	13.5	129,989	14.6
積立金	10,106	2.1	11,457	2.4	21,563	2.4
投資及び出資金	1,726	0.4	2,122	0.4	3,848	0.4
貸付金	39,965	8.4	16,329	3.4	55,525	6.2
繰出金	1,906	0.4	44,202	9.2	46,109	5.2
前年度繰上充用金	—	—	475	0.1	475	0.1
歳出合計	474,882	100.0	482,232	100.0	891,476	100.0

出所：図表6-4に同じ。

厳しい状況は国と同様である。

3—4　特別会計の経営状況と改革

　特別会計で経理される公営事業は，2007年度末で9,210（うち公営企業法適用企業は2,858）事業である。事業別では，下水道事業が最も多く，次いで水道事業，病院事業などである。事業数は年々減少しており，2003年度から比べると約3,800ほど減っている。また公営企業の職員総数は，2003年度の40.1万人から2007年度は37.6万人に減っている。同じく公営企業の決算規模は，2007年度で20兆4,336億円である。決算額が最も多いのは下水道事業，次い

図表 6-6 2007 年度歳入決算額の状況（億円，％）

区分	都道府県 決算額	都道府県 比率	市町村 決算額	市町村 比率	純計 決算額	純計 比率
地方税	207,939	43.1	194,728	39.3	402,668	44.2
地方譲与税	1,774	0.4	5,370	1.1	7,145	0.8
地方特例交付金等	1,783	0.4	1,336	0.3	3,119	0.3
地方交付税	81,762	16.9	70,265	14.2	152,027	16.7
市町村たばこ税都道府県交付金	23	0.0	—	—	—	—
利子割交付金	—	—	1,037	0.2	—	—
配当割交付金	—	—	812	0.2	—	—
株式等譲渡所得割交付金	—	—	534	0.1	—	—
地方消費税交付金	—	—	12,880	2.6	—	—
ゴルフ場利用税交付金	—	—	427	0.1	—	—
特別地方消費税交付金	—	—	0	0.0	—	—
自動車取得税交付金	—	—	2,959	0.6	—	—
軽油引取税交付金	—	—	1,254	0.3	—	—
小計（一般財源）	293,283	60.8	291,608	58.9	564,961	62.0
分担金，負担金	3,838	0.8	5,881	1.2	5,080	0.6
使用料，手数料	9,257	1.9	14,468	2.9	23,726	2.6
国庫支出金	51,372	10.6	51,168	10.3	102,541	11.2
交通安全対策特別交付金	484	0.1	339	0.1	823	0.1
都道府県支出金	—	—	23,981	4.8	—	—
財産収入	2,827	0.6	4,122	0.8	6,950	0.8
寄附金	114	0.0	664	0.1	772	0.1
繰入金	10,591	2.2	14,089	2.8	24,680	2.7
繰越金	8,981	1.9	13,126	2.7	22,108	2.4
諸収入	45,237	9.4	25,621	5.2	64,324	7.1
地方債	56,468	11.7	39,745	8.0	95,844	10.5

| 特別区財政調整交付金 | — | — | 10,176 | 2.1 | — | — |
| 歳入合計 | 482,458 | 100.0 | 494,994 | 100.0 | 911,813 | 100.0 |

出所：図表6-4に同じ。

で病院事業，水道事業などである。

経営状況についてみると，黒字事業が全体の9割近く占め，収支は4,686億円の黒字である。しかし一般会計等から下水道や病院に約3.3兆円の繰入があり，多くの病院は赤字が続いており厳しい経営状況にある。

特別会計の運営については，条例で設置できるため一般会計に比べ一部の特別会計については財政規律が緩みがちなところもある。そのため赤字隠しや一般会計ではできない事業等を行ってきた側面も否定できない。周知のように，夕張市の破綻は特別会計や外郭団体に隠された巨額の借金が原因であった。こうしたことを受けて制定された「地方公共団体の財政の健全化に関する法律」は，一般会計に特別会計等を連結した財政指標で財政状況を分析している。

また，特別会計のうち公営企業会計に関しては，財務内容を正確に情報開示

図表6-7　公営事業の規模と経営状況（2007年度決算，億円）

事　業	決算規模	他会計繰入	収　支
水道（含簡水）	47,434	2,518	2,692
工業用水道	2,427	213	198
交　通	13,281	1,817	102
電　気	1,241	6	44
ガ　ス	1,206	11	△43
病　院	47,470	6,961	△1,947
下　水　道	69,808	19,330	1,054
そ　の　他	21,470	2,574	2,585
合　計	204,336	33,430	4,686

出所：総務省資料より作成。

し，住民が経営状況を監視しやすくすることを目的とした改革を行っている。2009年12月に公営企業会計制度等研究会より，公営企業会計の見直しのための報告書がとりまとめられた。同報告書では，設備投資にあてた長期借入金や地方債を「借入資本金」として資本に計上する公営企業会計特有の会計処理をやめ負債に含めることなどが提言されており，地方公営企業の特性を勘案しつつも現行の企業会計（基準）の考え方を最大限に取り入れた内容となっている。

第7章

新地方公会計制度による財務報告

　国・地方ともに法令上は現在も現金主義会計である。しかし，行財政改革等の要請から企業と同様の会計情報が求められている。第5章でもみたように，国はバランスシート等の財務書類を作成し地方も最近は新たな公会計モデルで財務書類の整備が進められている。最近の公会計改革と実施事例をみよう。

1　地方公会計改革の取組み

　1990年代中頃より，行財政改革や地方分権の進展から先進的な自治体を中心に行政評価の導入とともに，バランスシート等の財務書類の作成が始められた。また自治体も住民への情報開示や説明責任を果たすため，企業会計的手法によるわかりやすい財務情報の提供が求められた。

　総務省はこうしたことを受けて，2000年3月に「地方公共団体の総合的な財政分析に関する調査研究会報告書」を公表し，自治体のバランスシートの統一的な作成手法を提示した。また翌年には，行政コスト計算書と地方公共団体全体のバランスシートも提示した。これらは「総務省方式」と称され，自治体の財務書類作成のマニュアルとして定着してきた。

その後，2005年12月に閣議決定された「行政改革の重要方針」，さらに2006年3月の「簡素で効率的な政府を実現するための行政改革の推進に関する法律」，また経済財政諮問会議の「骨太の方針2006」などにおいて，政府の資産・債務改革への取組みや行政改革のための新たな手法が示されたなかで，公会計につては，複式簿記のシステム化や財務書類の整備と活用が求められた。

　こうした公会計改革の要請に対して，総務省は2006年4月に「新地方公会計制度研究会」を発足させ，同年5月に「新地方公会計制度研究会報告書」(以下，研究会報告書と略す）を公表した。また同年8月には総務事務次官通知「地方公共団体における行政改革の更なる推進のための指針」において，公会計改革を研究会報告書に示された財務書類を活用して推進するよう都道府県知事および政令指定都市長に要請した。同指針によると，今後，自治体は研究会報告書に則り財務書類の整備の推進に取り組むよう要請している。なお整備のスケジュールについては，取組みが進んでいる自治体，都道府県，人口3万人以上の都市は3年後まで，取組みが進んでいない自治体，町村，人口3万人未満の都市は5年後までに，それぞれ財務書類の整備または整備に必要な情報の開示に取り組むことを併せて要請している。

2　国による新たな財務書類の提示とその内容

2―1　「新地方公会計制度研究会報告書」の概要

　研究会報告書は，公会計整備の目的について次の5点をあげている。①資産・債務管理，②費用管理，③財務情報のわかりやすい開示，④政策評価・予算編成・決算分析との関係付け，⑤地方議会における予算・決算審議での利用，である。これらは行革指針等でも要請されたように，財務書類の会計情報をとおして行革を推進し，効率的で効果的な政府の実現を促すものである。

　また自治体が財務書類を作成する目的については，住民をはじめ情報利用者が意思決定を行うにあたり有用な情報を提供することにあるとし，具体的には，

①財政状態，②業績，③純資産の変動，④資金収支の状態，に関する情報提供をあげている。

これらにより，国と地方の政府間関係等を考慮しながら地方固有の取扱いを踏まえつつ，原則として，国（財務省）の作成基準に準拠して財務書類を作成するのであるが，具体的には，発生主義を活用した基準設定と複式簿記の考え方の導入を図るものである。

本論で提案された財務書類は，従来から作成されている「貸借対照表」，「行政コスト計算書」および「資金収支計算書」の3表に，新たに「純資産変動計算書」を加えた4表が標準形となる。これらの財務書類は，普通会計に加えて単体（普通会計＋公営事業会計）と連結（単体＋地方独立行政法人，一部事務組合，第三セクター等）の範囲で作成される。

財務書類4表の作成にあたっては，「基準モデル」と「総務省方式改訂モデル」の2つのモデルを提案している。「基準モデル」が基本となるが，基準モデルは導入に際して作業負荷が大きいことから，従来の総務省方式と同じく決算統計から作成できる「総務省方式改訂モデル」を加えている。

なお，研究会報告書は研究会の発足から取りまとめまで短期間であったことから，実務面での課題などいくつかの問題が指摘されていた。そのため，2006年7月に「新地方公会計制度実務研究会」を発足させ，実務的な観点から研究会報告書で示された基準モデルと総務省方式改訂モデルの実証的検証や資産評価方法等の課題について検討が加えられた。その結果，2007年10月にパイロット自治体（倉敷市，浜松市）で両モデルを検証した結果等を盛り込んだ「新公会計制度実務研究会報告書」が公表されている。

2—2　「基準モデル」「総務省方式改訂モデル」の特徴と体系

上述のように，新たな財務書類4表を2つのモデルのいずれかで整備することが要請されたのであるが，これは法定されていないので後述のように整備を予定していない自治体もある。また東京都のように，独自方式で公会計改革を進める自治体もある。しかし，国の整備方針として2つのモデルが提示されて

いるのでこれらを現状では標準モデルとして考えるべきであろう。

両モデルの特徴をまとめると,「基準モデル」は,企業会計と同様に個別の取引情報については複式簿記・発生主義により記帳し,資産は公正価値(市場価値,再調達価格等)で評価し,固定資産台帳を導入時に整備して開始貸借対照表を作成するものである。一方「総務省方式改訂モデル」は,総務省方式と同様に決算統計からデータを入手し,資産の評価は基準モデルと同じく公正価値で行うが,固定資産台帳は売却可能資産から段階的に整備すればよい。

基準モデルは,固定資産台帳を導入当初より整備し,土地・建物等は台帳の計数を基礎として定期的に再評価し貸借対照表に計上(ただし,道路,河川等のインフラ資産は取得原価)するので精緻な情報が得られる。また個々の取引情報は発生主義により複式記帳(日々の仕訳か期末一括の仕訳)されるため,会計決算として検証が可能である。

これに対して総務省方式改訂モデルは,決算統計を利用してまとめられるので総務省方式と同様に精緻さは欠ける。また固定資産台帳は売却可能資産から整備(評価されない資産は決算統計の普通建設事業費の積上げ)するので自治体間の比較は難しく,会計の検証も困難である。ただ事務的な負担は,基準モデルよりは相当に軽減される。

図表7-1　基準モデル・総務省方式改訂モデルの特徴

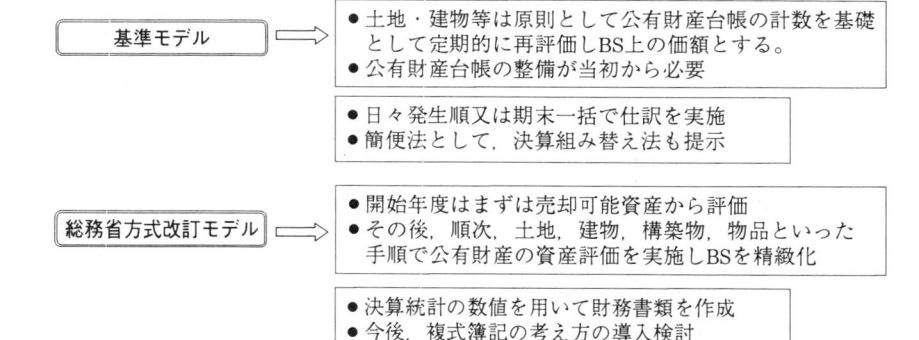

基準モデル ⇒
- 土地・建物等は原則として公有財産台帳の計数を基礎として定期的に再評価しBS上の価額とする。
- 公有財産台帳の整備が当初から必要

- 日々発生順又は期末一括で仕訳を実施
- 簡便法として,決算組み替え法も提示

総務省方式改訂モデル ⇒
- 開始年度はまずは売却可能資産から評価
- その後,順次,土地,建物,構築物,物品といった手順で公有財産の資産評価を実施しBSを精緻化

- 決算統計の数値を用いて財務書類を作成
- 今後,複式簿記の考え方の導入検討

出所:総務省「公会計改革の背景と意義」2006年。

第7章　新地方公会計制度による財務報告

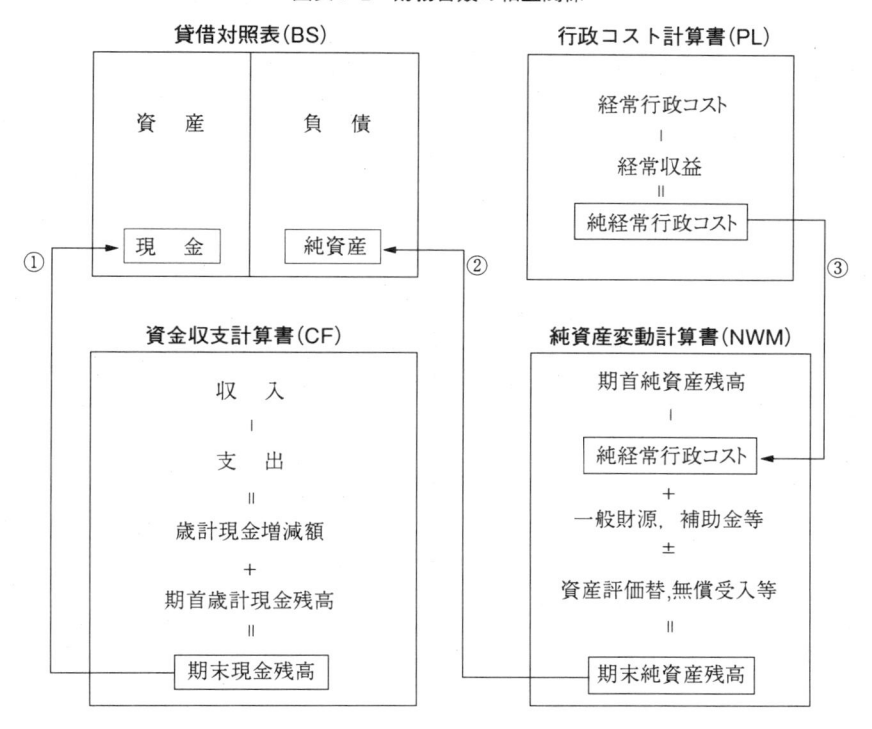

図表 7-2　財務書類の相互関係

```
     貸借対照表(BS)              行政コスト計算書(PL)

   資　産  │  負　債              経常行政コスト
          │                          －
          │                       経常収益
          │  純資産                    ＝
    現　金 │                     純経常行政コスト
    ①        ②                                ③

    資金収支計算書(CF)           純資産変動計算書(NWM)

       収　入                     期首純資産残高
         －                           
       支　出                     純経常行政コスト
         ＝                           ＋
    歳計現金増減額              一般財源，補助金等
         ＋                           ±
    期首歳計現金残高          資産評価替,無償受入等
         ＝                           ＝
    期末現金残高                期末純資産残高
```

　つぎに，財務書類 4 表の相互関係をみよう。図表 7-2 において，①は貸借対照表（BS）の資産のうち「現金」の金額は資金収支計算書（CF）の期末残高と対応する。②は，BS の「純資産」の金額は資産・負債の差額として計算されるが，これは純資産変動計算書（NWM）の期末残高と対応する。③は，行政コスト計算書（PL）の「純経常費用（純行政コスト）」の金額は費用と収益の差額であるが，これは NWM の財源の使途のうち「純経常費用への財源措置」に対応する。

　これらの財務書類は，1 つの決算より作成され有機的に関連しているので，相互関係をとおして財務分析ができる。ただし，公会計の決算はあくまで決算統計であり会計決算ではないので精緻な財務分析はできない。

図表 7-3 基準モデル・総務省方式改訂モデル・東京都方式の比較

	基準モデル	総務省方式改訂モデル	東京都方式
作成する財務書類	○貸借対照表,行政コスト計算書,純資産変動計算書,資金収支計算書		○貸借対照表,行政コスト計算書,正味財産変動計算書,キャッシュフロー計算書
固定資産の算定方法（初年度期首残高）	○現存する固定資産をすべてリストアップし,公正価値により評価	○売却可能資産：時価評価 ○売却可能資産以外：過去の建設事業費の積上げにより算定 ⇒段階的に固定資産情報を整備	○現存する固定資産をすべてリストアップし,取得原価により評価
固定資産の算定方法（継続作成時）	○発生主義的な財務会計データから固定資産情報を作成 ○その他,公正価値により評価		○発生主義的な財務会計データから固定資産情報を作成
固定資産の範囲	○すべての固定資産を網羅	○当初は建設事業費の範囲 ⇒段階的に拡張し,立木,物品,地上権,ソフトウェアなどを含めることを想定	○すべての固定資産を網羅
台帳整備	○開始貸借対照表作成時に整備 その後,継続的に更新	○段階的な整備を想定⇒売却可能資産,土地を優先	○開始貸借対照表作成時に整備 その後,継続的に更新
作成時の負荷	○当初は,固定資産の台帳整備及び仕訳パターンの整備等に伴う負荷あり ○継続作成時には負荷は減少	○当初は,売却可能資産の洗い出しと評価,回収不能見込額の算定など,現行総務省方式作成団体であれば負荷は比較的軽微 ○継続作成時には段階的整備に伴う負荷あり	○当初は,固定資産の台帳整備及び仕訳パターンの整備等に伴う負荷あり ○継続作成時には負荷は減少
財務書類の検証可能性	○開始時未分析残高を除き,財務書類の数値から元帳,伝票に遡って検証可能	○台帳の段階的整備等により,検証可能性を高めることは可能	○財務書類の数値から元帳,伝票に遡って検証可能
財務書類の作成・開示時期	○出納整理期間後,早期の作成・開示が可能	○出納整理期間後,決算統計と並行して作成・開示	○出納整理期間後,早期の作成・開示が可能

出所：森田祐司監修『新地方公会計制度の徹底解説』ぎょうせい,2008年。

「基準モデル」と「総務省方式改訂モデル」の比較については，図表7-3にまとめてあるが，併せて東京都が独自に公会計原則を定めて財務書類を作成している東京都方式（ないし東京都モデル）を掲載してある。東京都は，公会計改革の重要性を早くから指摘し独自に公会計改革を進めてきた。2001年に「機能するバランスシート」と題した報告書を公表して以来，発生主義会計・複式簿記の考え方を設計思想として，可能な限り企業会計制度との整合性を図りながら取り組んできた。東京都方式の特徴は，基準モデル・総務省方式改訂モデルが租税収入を純資産変動計算書の増減要因として計上するのに対し，東京都方式では，税収を公共サービスの財源として「収益」と解し，行政コスト計算書に表示している。また東京都方式の最大の特徴は，予算科目から財務諸表の勘定科目への組替えを日常業務として取引毎に仕訳を行う点にある。総務省方式改訂モデルでは出納整理期間後に決算統計と並行して財務書類の作成が行われるが，東京都方式では，現金主義会計の処理に連動して自動的に複式簿記・発生主義会計のデータが蓄積されて財務書類が作成される。これにより，事務作業は期末の負担が軽減され，部局別にも財務書類の作成が可能となっている。

なお，「基準モデル」，「総務省方式改訂モデル」，「東京都方式」により作成される財務書類4表の表示様式はそれぞれ異なっており，モデル間の比較は困難な状況である。

2—3　財務書類の整備状況

総務省は財務書類の整備状況について実地調査を行っているが，2007年決算に基づく調査結果をみると，図表7-4のようである。都道府県は全団体で整備され，市区町村（1,800）は着手を含めて1,371（78.2％）団体である。市区町村のうち基準モデルを採用しているのは37団体（2.7％），総務省方式改訂モデルは577団体（42.1％），また以前の総務省方式は735団体（53.6％），その他モデルは22団体（1.6％）である。19年度決算に関しては多くが総務省方式改訂モデルないしこれまでの総務省方式採用し，基準モデルはわずかである。また未作成とした団体が429団体（24.1％）もある。

図表 7-4　2007 年度決算に係る財務書類の整備状況

(単位：団体, %)

			都道府県	市区町村	指定都市	指定都市を除く市区町村
作成に着手済			47 (100.0%)	1,371 (76.2%)	17 (100.0%)	1,354 (75.9%)
	基準モデル		0 (―)	37 (2.7%)	2 (11.8%)	35 (2.6%)
		作成済	0 (―)	11 (29.7%)	0 (―)	11 (31.4%)
		作成中	0 (―)	26 (70.3%)	2 (100.0%)	24 (68.6%)
	総務省方式改訂モデル		7 (14.9%)	577 (42.1%)	5 (29.4%)	572 (42.2%)
		作成済	6 (85.7%)	201 (34.8%)	4 (80.0%)	197 (34.4%)
		作成中	1 (14.3%)	376 (65.2%)	1 (20.0%)	375 (65.6%)
	総務省方式		37 (78.7%)	735 (53.6%)	10 (58.8%)	725 (53.5%)
		作成済	37 (100.0%)	686 (93.3%)	10 (100.0%)	676 (93.2%)
		作成中	0 (―)	49 (6.7%)	0 (―)	49 (6.8%)
	その他のモデル		3 (6.4%)	22 (1.6%)	0 (―)	22 (1.6%)
		作成済	3 (100.0%)	17 (77.3%)	0 (―)	17 (77.3%)
		作成中	0 (―)	5 (22.7%)	0 (―)	5 (22.7%)
未作成			0 (―)	429 (23.8%)	0 (―)	429 (24.1%)
計			47 (100.0%)	1,800 (100.0%)	17 (100.0%)	1,783 (100.0%)

出所：総務省資料。

2—4　財務書類4表の様式

2—4—1　貸借対照表

　貸借対照表とは，会計年度末における資産，負債およびその差額である純資産の在り高を計上することで財政状態を表すものである。表示は基本的にはどのモデルも「資産の部」，「負債の部」および「純資産の部」に区分される。資産および負債の科目の配列については，基準モデルは，流動性配列法によるが，総務省方式改訂モデルは固定性配列法である。「資産の部」の資金勘定は，資金収支計算書の収支尻（当期資金収支額）と連動し，「純資産の部」の各表示区

図表7-5　貸借対照表（基準モデル・総務省方式改訂モデル・比較様式）

資産の部	金額	負債の部	金額
1. 公共資産	＊＊＊	1. 固定負債	＊＊＊
(1) 事業用資産	＊＊＊	(1) 地方債	＊＊＊
(2) インフラ資産	＊＊＊	(2) 退職手当引当金	＊＊＊
(3) 売却可能資産	＊＊＊	(3) その他	＊＊＊
等		等	
2. 投資等	＊＊＊	2. 流動負債	＊＊＊
(1) 投資及び出資金	＊＊＊	(1) 翌年度償還予定地方債	＊＊＊
(2) 貸付金	＊＊＊	(2) その他　　　等	＊＊＊
(3) 基金等	＊＊＊	負債合計	＊＊＊
等		純資産の部	
3. 流動資産	＊＊＊		
(1) 資金	＊＊＊		
(2) 未収金　　　等	＊＊＊	純資産合計	＊＊＊
資産合計	＊＊＊	負債及び純資産合計	＊＊＊

分（総務省方式改訂モデルの区分は，公共資産等整備国県補助金等，公共資産等整備一般財源等，その他一般財源等，資産評価差額）は純資産変動計算書の各表示区分の収支尻と連動する関係にある。

　貸借対照表は「資産の部」は資金の運用先であり，「負債の部」および「純資産の部」は資金の調達先とみることができる。また「負債の部」は将来世代の負担，「純資産の部」はこれまでの世代で負担された分と解釈でき，世代間の負担状況を知ることができる。

2―4―2　行政コスト計算書

　行政コスト計算書とは，企業会計の「損益計算書」に類似し経営成績を表すものであるが，政府には売上がないので費用中心の分析である。会計年度中に実施された行政サービスにともなう「費用」と，サービスの利用者が直接負担する使用料や手数料等を「収益」として計上して収支関係を表している。ただし東京都方式では「収益」に税収を含んでいる。表示は，両モデルとも「経常費用」および「経常収益」に区分される。このうち，経常費用合計は総行政コストを意味する。また経常費用合計から経常収益合計を控除して計算される純経常費用は，純行政コストを意味する。収支尻として計算される純経常行政コ

図表 7-6　行政コスト計算書

	金　額
経常費用	＊＊＊
1. 人にかかるコスト 　（1）人件費 　（2）退職手当引当金繰入 　　　　　　　　　等	＊＊＊ ＊＊＊ ＊＊＊
2. 物にかかるコスト 　（1）物件費 　（2）減価償却費 　（3）維持補修費 　　　　　　　　　等	＊＊＊ ＊＊＊ ＊＊＊ ＊＊＊
3. 移転支出的なコスト 　（1）社会保障給付 　（2）他会計への支出 　　　　　　　　　等	＊＊＊ ＊＊＊ ＊＊＊
4. その他のコスト 　（1）公債費（利払） 　　　　　　　　　等	＊＊＊ ＊＊＊
経常収益	＊＊＊
使用料・手数料等	＊＊＊
純経常行政コスト （経常費用－経常収益）	＊＊＊

ストは，純資産変動計算書（財源変動の部）に振替えられることにより，純経常費用への財源措置と連動する関係にある。

　行政コスト計算書の費用には，決算統計では認識されない建物等の減価償却費と職員給与の後払いである退職手当引当金損の発生コストが含められて計上されるので，民間企業のコストとの比較が可能となる。

2―4―3　純資産変動計算書

　純資産変動計算書とは，自治体の資産から負債を差し引いた純資産が期首から期末にわたりどのように増減したかを明らかにするものである。会計期間中の純資産の変動，すなわち政策形成上の意思決定またはその他の事象による純資産およびその内部構成の変動（損益外純資産減少原因・損益外純資産増加原因の

第7章　新地方公会計制度による財務報告

図表7-7　純資産変動計算書（総務省方式改訂モデル）

	金　額
期首純資産残高	＊＊＊
純経常行政コスト	△＊＊＊
一般財源	＊＊＊
地方税	＊＊＊
地方交付税等	＊＊＊
補助金等受入	＊＊＊
臨時損益	＊＊＊
科目振替	＊＊＊
資産評価替・無償受贈資産受入	＊＊＊
その他	＊＊＊
期末純資産残高	＊＊＊

取引高）を表す。表示は基準モデルは「財源変動の部」，「資産形成充当財源変動の部」および「その他の純資産変動の部」に区分されるが，総務省方式改訂モデルは図表7-7のようである。

　純資産変動計算書は，行政コストのうち使用者等が負担する使用料や手数料等でまかなえなかったコスト（純経常行政コスト）が地方税や地方交付税等の財源によってどの程度まかなわれたかを示している。また純経常行政コストと調達財源の差額は企業会計における「当期利益」に相当し，この額がプラスであれば負担を後の世代に先送りしていないことを表すため，世代間の公平の分析に利用できる。

2—4—4　資金収支計算書

　資金収支計算書とは，企業会計におけるキャッシュ・フロー計算書に相当し，貸借対照表上の資金（現金および現金同等物）が会計年度中にどのように増減したかを表すものである。

　資金収支計算書は，資金収支の状態すなわち行政活動に伴う資金利用状況および資金獲得能力を明らかにする。表示は基準モデルは「経常的収支区分」，「資本的収支区分」および「財務的収支区分」に区分されるが，総務省方式改訂モデルは図表7-8のようである。資金収支計算書の収支尻（当期資金収支額）

図表7-8　資金収支計算書（総務省方式改訂モデル）

	金　額
1. 経常的収支 2. 公共資産整備収支 3. 投資・財務的収支	＊＊＊ ＊＊＊ ＊＊＊
当期収支 期首資金残高	＊＊＊ ＊＊＊
期末資金残高	＊＊＊
（基礎的財政収支） 　収入総額 　支出総額 　地方債発行額 　地方債元利償還額 　減債基金等増減	 ＊＊＊ ＊＊＊ ＊＊＊ ＊＊＊ ＊＊＊
基礎的財政収支	＊＊＊

は，貸借対照表の資産の部の資金勘定と連動する関係にある。

　資金収支計算書では，赤字地方債の発行状況や経常費用に充てた基金の取崩し状況，自治体特有の資金繰り状況などが把握できる。ただし，決算統計にある繰越金の概念がないので実質収支ではなく形式収支を表している。また基礎的財政収支は，「歳入総額（繰越金を除く）から地方債発行額および財政調整基金等の取り崩し額を除いたもの」から，「歳出総額から地方債元利償還額および財政調整基金等の積立額を除いたもの」を差し引いて求めたものであり，自治体のプライマリー・バランスを表示している。プライマリー・バランスが赤字の場合には，借金が膨れることになる。

3　新たな公会計モデルの分析事例

3—1　総務省方式改訂モデルの事例―八王子市の財務書類―

　総務省方式改訂モデルの事例として，東京都八王子市が作成した4表を紹介

しよう。八王子市はこれまで毎年度，市財政を詳細に分析した「財政白書」を公表してきた。財務書類の分析についても2007年度決算までは「総務省方式」で行ってきたが，2008年度決算については「総務省方式改訂モデル」を選択して公表している。

八王子市は，東京都心から西へ40kmに位置する人口約55万人の都市である。2008年度普通会計の主要な決算状況（決算カード）は，歳出総額は1,628億円，一般財源比率63.9%，実質収支比率1.3%，財政力指数1.03，経常収支比率86.8%，実質公債費比率5.8%，将来負担比率25.5%などである。財政状況は弾力的で健全であるといえる。

八王子市の2007年度決算に係る普通会計と連結を一覧にした財務書類4表は以下のとおりである。財務書類の分析は，類似都市と比較して行っているのが特徴である。なお特別会計は9会計ある。

【八王子市HPより抜粋】
(1) 比較を行った市
平成19年度決算の「総務省方式改訂モデル」が公表されている東京近県の都市と比較しました。市民1人当たりの財務書類の分析は，下表の人口で計算しています。
(2) 市民1人当たりの財務書類
財務書類の数値を市民1人当たりに換算することにより，人口規模による影響を除いた分析が可能となります。
① **市民1人当たりの有形固定資産**
貸借対照表の目的別有形固定資産には，これまでどのような分野に資本を投入したかが表れています。市民1人当たりの資産額は，都市基盤整備の進んでいる多摩市が247万円と最も高額で，本市の2倍となっています。
② **市民1人当たりの負債額**
企業では，なるべく借金をしないで資産を取得することが考えられますが，地方公共団体の場合は，世代間負担の公平性などのために，公共施設の建設の

市民1人当たり目的別有形固定資産　　　　　　　　　　　　（単位　千円）

区　分	本　市		多摩市	上尾市	八千代市	横須賀市
生活インフラ資産	(568)	568	1,426	440	361	638
教育	(432)	434	765	268	256	598
福祉	(12)	13	62	38	18	31
環境衛生	(90)	93	61	96	115	110
産業振興	(11)	12	4	16	11	42
消防	(5)	5	7	22	23	29
総務	(75)	76	141	58	35	106
有形固定資産合計	(1,193)	1,201	2,466	938	819	1,554

市民1人当たりの負債　　　　　　　　　　　　　　　　　（単位　千円　％）

区　分	本　市		多摩市	上尾市	八千代市	横須賀市
市民1人当たり負債	(329)	345	317	372	367	495
うち地方債	(227)	239	184	275	257	404
資産に占める負債の割合	(26.1%)	27.8%	12.2%	37.6%	40.4%	29.7%

際には借金をします。本市の負債の状況は市民1人当たり35万円です。1位は横須賀市が50万円と最も高額になっています。一方，資産に占める負債の割合は，28％と多摩市に次ぐ比率となっています。本市は，人口の増加にあわせ，学校や道路などの公共施設整備を進めてきました。平成12年度以降「返す以上に借りない」「事業の選択と集中」により市債残高の縮減に努めてきましたが，今後も資産とバランスした借入，計画的な返済を進めていかなくてはなりません。

③ **市民1人当たりの行政目的別コスト**

　市民1人当たりの目的別コストを比較しました。都内の自治体である本市や多摩市では，福祉のコストが，1人当たり10万円を超える突出した額になっ

第7章　新地方公会計制度による財務報告

市民1人当たりの目的別コスト　　　　　　　　　　　　　　（単位　千円）

区　分	本　市	多摩市	上尾市	八千代市	横須賀市
生活インフラ・国土保全	(32) 28	21	27	20	42
教育	(32) 31	51	24	31	35
福祉	(118) 115	123	73	84	85
環境衛生	(33) 35	30	25	31	35
産業振興	(3) 3	3	4	4	8
消防	(12) 12	13	12	13	12
総務	(27) 27	43	31	22	37
その他（支払利子など）	(6) 7	7	12	8	15
計	(263) 258	291	208	213	269

ていることがわかります。

④　市民1人当たりの性質別コスト

　本市は，人にかかるコスト及び物にかかるコストが低くなっています。しかし，移転支出的なコストは高額になっています。

　移転支出的なコストのうち，一番高額なのは扶助費です。本市の場合，一番低い上尾市に比べて2倍以上となっています。この扶助費には，生活保護にかかるもののほか，保育園の経費など子育てに係るものや障害のある方などのた

市民1人当たりの性質別コスト　　　　　　　　　　　　　　（単位　千円）

区　分	本　市	多摩市	上尾市	八千代市	横須賀市
人にかかるコスト	(56) 57	70	65	64	68
物にかかるコスト	(58) 59	87	60	67	81
移転支出的なコスト	(143) 135	130	73	77	107
その他のコスト	(6) 7	4	10	5	13
計	(263) 258	291	208	213	269

移転支出的なコストの内訳 （単位　千円）

区　分	本　市		多摩市	上尾市	八千代市	横須賀市
扶助費	(80)	77	59	36	37	48
補助費等	(25)	23	43	8	9	18
繰出金	(34)	34	28	23	24	36
普通建設事業費 （他団体等への 補助金等）	(4)	1	0	6	7	5
計	(143)	135	130	73	77	107

めの経費などがあります。高齢化の進展などにより，扶助費は今後も増加していくと考えられます。

(3)　その他の分析

① **社会資本形成の世代間負担比率**

純資産はこれまでの世代（過去及び現世代）の負担により形成された財産の額を示しています。公共資産残高に対する純資産残高の割合を見ることにより，現存する社会資本（資産）のうち，どれだけこれまでの世代の負担で賄われたかがわかります。

過去及び現世代と将来世代負担費率

区　分	本　市	多摩市	上尾市	八千代市	横須賀市
これまでの世代	(77.9%) 74.7%	92.5%	65.5%	63.7%	75.3%
将来世代	(19.0%) 19.9%	7.5%	29.2%	30.3%	26.0%

※「将来世代」と「過去及び現世代」の負担比率は，合計しても100%にはなりません。

$$過去及び現役世代の負担 = \frac{純資産合計}{公共資産合計} \times 100 \ (\%)$$

$$将来世代の負担 = \frac{(地方債 + 翌年度償還予定地方債)}{公共資産合計} \times 100 \ (\%)$$

② 収入額対資産比率

　貸借対照表上の資産合計は，社会資本として形成された固定資産や積み立てられた基金など資産の総額を示しています。この資産合計が，収入総額の何年分に相当するかを表したものが収入額対資産比率で，社会資本整備の度合を示します。この比率が高いほど，ストックとしての社会資本整備が進んでいるといえます。この指標も市民1人当たりの資産額と同様，多摩市が最も高率で，本市はその半分以下となっています。

収入額対資産比率

区　分	本　市	多摩市	上尾市	八千代市	横須賀市
割　合	415.6% (417.0%)	838.3%	434.1%	362.3%	550.8%

$$収入対資産比率 = \frac{資産合計}{資金収支計算書の収入合計} \times 100 \,(\%)$$

③ 資産老朽化比率

　取得原価に対する減価償却累計額の割合を計算することにより，資産取得後，平均してどの程度年数が経過しているのかが分かります。いずれの市も40%台前半の比率となっています。

資産老朽化比率

区　分	本　市	多摩市	上尾市	八千代市	横須賀市
割　合	41.7% (43.2%)	42.9%	44.1%	43.2%	43.3%

④ 経常的収支によるキャッシュフロー対実質債務

　キャッシュフローにおける「経常的収支額」で，現在の実質債務（地方債及び債務負担等）を賄うために必要な年数を表す指標です。本市の値は，6年と多摩市に次ぐ値となっています。これは，地方債残高や債務負担の縮減効果によるものです。

債務償還年数

区　分	本　市	多摩市	上尾市	八千代市	横須賀市
償還年数	6.0年	4.8年	6.7年	6.7年	8.0年

(6.3年)

$$債務償還年数 = \frac{(地方債＋債務負担－充当可能基金)}{経常的収支額} \text{(年)}$$

3—2　基準モデルの事例—海老名市—

　基準モデルを採用している自治体は2008年度決算でわずか37団体である。そのうちの財務情報の精緻さを重視して基準モデルを選択した神奈川県海老名市の事例を紹介しよう。

　海老名市は，神奈川県西部に位置し人口約12万人の首都近郊の都市である。

連結貸借対照表
(平成21年3月31日現在)

(単位　億円)

資産の部	普通会計	連結	負債の部	普通会計	連結
1. 公共資産	6,549	10,471	1. 固定負債	1,590	2,774
(1) 生活インフラ資産	3,113	6,701	(1) 地方債	1,103	2,259
(2) 事業用資産	3,422	3,603	(2) 債務負担行為	186	186
(3) 無形固定資産		152	(3) 退職手当引当金	301	329
(4) 売却可能資産等	14	15			
2. 投資等	153	267	2. 流動負債	211	290
(1) 投資及び出資金	8	2	(1) 翌年度償還予定地方債	143	211
(2) 貸付金	38	38			
(3) 基金等	107	227	(2) 債務負担行為	20	29
			(3) その他	48	50
3. 流動資産	197	254	負債合計	1,801	3,064
(1) 現金・預金	182	227	純資産の部		
(2) 未収金	15	27			
			純資産合計	5,098	7,928
資産合計	6,899	10,992	負債及び純資産合計	6,899	10,992

第7章　新地方公会計制度による財務報告

連結行政コスト計算書
(自平成20年4月1日　至平成21年3月31日)

(単位　億円)

	普通会計	連結	差
経常行政コスト	1,442	2,571	1,129
1．人にかかるコスト	308	344	36
2．物にかかるコスト	319	435	116
(1) 物件費	169	228	59
(2) 維持補修費	24	28	4
(3) 減価償却費	126	179	53
3．移転支出的なコスト	781	1,684	903
(1) 社会保障給付	438	1,308	870
(2) 補助費・他会計への支出等	343	376	33
4．その他のコスト	34	108	74
(1) 公債費（利子）等	34	108	74
経　常　収　益	62	915	853
使用料・手数料等	62	915	853
純経常行政コスト（経常経費－経常収益）	1,380	1,656	276

連結純資産変動計算書
自平成20年4月1日　至平成21年3月31日

(単位　億円)

	普通会計	連結	差
期首純資産残高	4,873	7,639	2,766
純経常行政コスト	△ 1,380	△ 1,656	△ 276
一般財源	1,069	1,077	8
地方税	945	945	0
その他	124	132	8
補助金等受入	530	845	315
臨時損益	1	3	2
資産評価差額等	5	5	0
無償受贈資産受入		15	15
期末純資産残高	5,098	7,928	2,830

2007年度普通会計の主要な決算状況は，歳出総額は342億円，一般財源比率69.2％，実質収支比率5.6％，財政力指数1.20，経常収支比率80.6％，実質公債費比率3.2％などである。財政状況は財政力があり財政構造も弾力的で非常に健全であるといえる。

海老名市が分析した結果を財務書類とともに以下に掲載する。

【海老名市HPより抜粋】

平成20年度の本市普通会計財務4表による財政指標を分析すると，次のとおりとなります。

・純資産比率は0.90となり，非常に高い数値となりました。これは，従来からの市債の発行抑制などにより，負債が低く抑えられたことなどによります。高い純資産比率を示していることにより，将来世代への負担が軽減されていることが明らかでありますので，他市町村との比較においては，市債を活用できる余地が確保されているということができます。

・安全比率も同様に，0.74と高い数値になりました。純資産比率の算定から，売却することができないインフラ資産を控除することにより算定される安全比率は，厳密な意味での財務の安全性を示します。安全比率が高い数値を示していることから，少ない負債でインフラ資産以外の資産形成がなされているということができます。

・固定比率は0.24と比較的低い数値に抑えられております。算定に用いられる設備費用（減価償却費＋想定地代）は過去の意思決定であり，将来を拘束することになります。現在は比較的低い数値でありますが，今後の推移を注視する必要があります。

・住民一人あたり人件費，純経常費用，純粋行政コストも比較的低い数値に抑えられております。効率性を示すこれらの指標は財政運営に大きな影響を及ぼすことから，効率的な行政経営と経常経費の抑制が極めて重要であります。

・受益者負担率は0.040と低い数値になりました。他市町村との比較において，本市の受益者負担の状況が明らかになりましたので，受益者負担の原則に基づき，計画的な使用料や手数料の見直しを検討する必要があります。

第7章　新地方公会計制度による財務報告

　以上のとおり分析を行いましたが，今回比較対象とした市町村は，人口規模や地理的要因等も大きく異なりますので，参考程度に留める必要があります。
　今後は，本市の経年推移を見極めるとともに，近隣各市との比較などを通じ，客観的な分析を行い，行財政改革のツールとして活用することが重要であります。

財務指標の算式と解説

○　純資産比率 $= \dfrac{\text{純資産合計}}{\text{総資産合計}}$

　総資産のうち，純資産の占める割合を示します。負債は将来世代の負担と考えることができることから，将来世代と過去の世代との負担割合を示すということができます。純資産比率が高いほど，将来世代の負担軽減が図られているということができます。

○　安全比率 $= \dfrac{\text{純資産合計} - \text{インフラ資産}}{\text{総資産} - \text{インフラ資産}}$

　純資産比率の分母・分子からそれぞれインフラ資産を控除して算定されます。厳密な意味での財務の安全性を示しており，高ければ高いほど良好な財務状態ということができます。

○　固定比率 $= \dfrac{\text{総減価償却費} + \text{想定地代}}{\text{税収} + \text{使用料・手数料}}$

　設備に関する費用がどの程度，税収や使用料・手数料により賄われているのかを示します。過去の意思決定である設備に関する費用は，将来世代を拘束するものであり，財政の硬直化を招く恐れがあります。

○　住民一人あたり人件費 $= \dfrac{\text{人件費}}{\text{人口}}$　　○　住民一人あたり純経常費用 $= \dfrac{\text{純経常費用}}{\text{人口}}$

○　住民一人あたり純粋行政コスト $= \dfrac{\text{純経常費用} - \text{移転支出}}{\text{人口}}$

　これらの「住民一人あたり」の指標は，都市経営の効率性を示す指標であります。財政への関与としては，「住民一人あたり税収」よりも大きいとも考えられるので，効率的な行政経営が求められます。

第2編　公会計と公監査の理論と制度

○　受益者負担率＝$\dfrac{使用料・手数料}{経常費用}$

　使用料及び手数料が経常費用に対して，どの程度を占めているのかを示す指標であります。この指標により，どの程度の受益者負担がなされているかが示されます。

海老名市財務4表の作成範囲

作成区分	連結財務4表		
	単体財務4表		
	普通会計財務4表		
対象範囲	一般会計	国民健康保険事業特別会計 下水道事業特別会計 老人保健医療事業特別会計 介護保険事業特別会計 後期高齢者医療事業特別会計	高座清掃施設組合 広域大和斎場組合 神奈川県後期高齢者医療広域連合 海老名市土地開発公社

貸借対照表

(単位:百万円)

資産の部		単体	連結	負債の部		単体	連結
1 金融資産	(1) 資金 （現金・預金など）	3,766	4,292	1 流動負債	(1) 公債（短期） （翌年度償還予定の地方債）	3,044	3,171
	(2) 債権 （貸付金など）	2,782	3,015		(2) その他 （賞与引当金など）	1,049	1,630
	(3) 有価証券	9	10	2 非流動負債	(1) 公債 （翌々年度以降償還予定の地方債）	33,372	33,746
	(4) 投資等 （基金など）	10,923	11,042		(2) 引当金 （退職給与引当金）	7,192	7,477
2 非金融資産	(1) 事業用資産 （庁舎・学校など）	98,174	99,387		(3) その他の非流動負債	0	0
	(2) インフラ資産 （道路・公園など）	220,775	222,155	負債合計		44,657	46,024
	(3) その他の資産 （繰延資産）	0	0	純資産の部			
				純資産合計		291,772	293,877
資産合計		336,429	339,901	負債及び純資産合計		336,429	339,901

第7章 新地方公会計制度による財務報告

行政コスト計算書

(単位:百万円)

	単体	連結
経常費用(総行政コスト) ①	43,427	51,585
1　経常業務費用	31,624	33,279
(1)　人件費 　　　（職員給与費など）	8,029	8,636
(2)　物件費 　　　（物品の購入など）	3,607	4,116
(3)　経費 　　　（委託料や報償費など）	18,633	19,155
(4)　業務関連費用 　　　（公債費の利払分など）	1,355	1,372
2　移転支出	11,803	18,306
(1)　他会計への移転支出 　　　（他会計への繰出金）	0	0
(2)　補助金等移転支出 　　　（負担金,補助金など）	4,022	4,066
(3)　社会保障関係費等移転支出 　　　（児童手当，生活保護費など）	4,955	11,413
(4)　その他の移転支出 　　　（補償料,寄附金など）	2,826	2,827
経常収益 ②	2,867	3,024
1　経常業務収益	2,867	3,024
(1)　業務収益 　　　（使用料及び手数料など）	2,449	2,605
(2)　業務関連収益 　　　（預金利息，雑入など）	418	419
純経営費用(純行政コスト) 　①-②	40,560	48,561

純資産変動計算書

(単位:百万円)

	単体	連結
前期末残高	288,580	290,896
当期変動額合計	3,192	2,981
(1)純経常費用(純行政コスト) 　　(純経常費用に充てられた財源)	△ 40,560	△ 48,561
(2)財源調達 　　(市税や国県支出金など)	50,971	59,013
(3)その他 　　(資産形成に充てられた財源)	△ 7,219	△ 7,471
期末純資産残高	291,772	293,877

資金収支計算書

(単位:百万円)

	単体	連結
期首資金残高	2,973	3,406
当期資金収支額	793	886
(1) 経常的収支 　　(人件費や税収入などの経常的な資金収支)	7,615	7,943
(2) 資本的収支 　　(工事請負費や財産売払収入などの資本形成活動に伴う資金収支)	△ 4,798	△ 4,903
(3) 財務的収支他 　　(地方債などの管理に関する資金収支)	△ 2,024	△ 2,154
期末資金残高	3,766	4,292
基礎的財政収支	3,288	3,511

〈参考文献〉

亀井孝文『公会計制度の改革』中央経済社，2008年。
稲沢克裕『自治体における公会計改革』同文舘出版，2009年。
森田祐司監修『新地方公会計制度の徹底解説』ぎょうせい，2008年。
総務省「新地方公会計制度研究会報告書」2006年。
＿＿＿＿「新地方公会計制度実務研究会報告書」2007年。

第8章

公営企業等の公会計制度

　地方自治体は多様なサービスを実施しているため，一般会計とは別に事業に応じて特別会計を設けるものも少なくない。前章でみたように，事業ごとの会計は上下水道や病院など住民生活に身近なものばかりである。それらの会計の仕組みを説明しよう。

1　地方公営企業の会計

1 ― 1　地方公営企業制度

　地方公営企業は，地方自治体が法令により設置したものであり，第6章でも見たように，図表8-1にあるような事業が含まれている。まず，地方財政法（以下「地財法」とする）第6条および地方財政法施行令（以下「地財令」とする）第37条に規定されている事業があり，これらの事業については，自治体の一般会計から独立させた特別会計を設置して，その経費は出来るだけそれぞれの事業の収入でまかなうこととされている。つまり，地方公営企業とは，企業という名前がついているものの，自治体の外に何か別組織を設立するのではなく，自治体の中の一事業が特別会計として区分経理されるものだと理解してほしい。

第2編　公会計と公監査の理論と制度

図表8-1　地方公営企業に含まれる事業

```
┌─────────────────────────────────────────────────────┐
│                   地財令第37条                        │
│  ┌─────────────────────────┐  ┌──────────────────┐  │
│  │     地企法第2条第1項      │  │      地企法       │  │
│  │                          │  │    第2条第2項     │  │
│  │  水道事業（簡易水道事業を除く）│  │                  │  │
│  │      工業用水道事業        │  │     病院事業      │  │
│  │      軌道事業（路面電車）   │  └──────────────────┘  │
│  │    自動車運送事業（バス）   │                      │
│  │        鉄道事業           │      簡易水道事業     │
│  │        電気事業           │      港湾整備事業     │
│  │        ガス事業           │        市場事業       │
│  │                          │       と畜場事業      │
│  │                          │      観光施設事業     │
│  │                          │      宅地造成事業     │
│  │                          │     公共下水道事業    │
│  └─────────────────────────┘                      │
└─────────────────────────────────────────────────────┘
```

　実際の地方公営企業の組織も，自治体内の「局」(都道府県・政令市) や「部」(市区町村) と位置づけられているのが普通である。

　そして，これらの事業の中で，とくに地方公営企業法（以下「地企法」とする）第2条第1項に定められている事業は，地企法内において組織，財務，職員身分に関する取り決めが別途存在する。また，病院事業については，地企法のうち財務の取り決めのみ適用が義務づけられている（同第2項）。このように地企法を全部あるいは部分的に適用した事業を「地方公営企業法適用企業（法適用企業または法適)」と呼んでいる。

　逆に地企法に定められていないが地財令第37条には定められている事業は，地企法の適用外となるわけではなく，法適用企業にするかどうかについて，各自治体は選択することができる。つまり，市場や下水道については，地企法に定める形態を持ってもいいし，持たなくてもいいということになる。そして，もし後者のように地企法を全く適用しない特別会計とした場合には，こうした企業を「地方公営企業法非適用企業（法非適用企業または非適)」と呼ぶ。

　ちなみに，2007年度末の地方公営企業数（法適・非適別）は，図表8-2のようになっている。

第 8 章　公営企業等の公会計制度

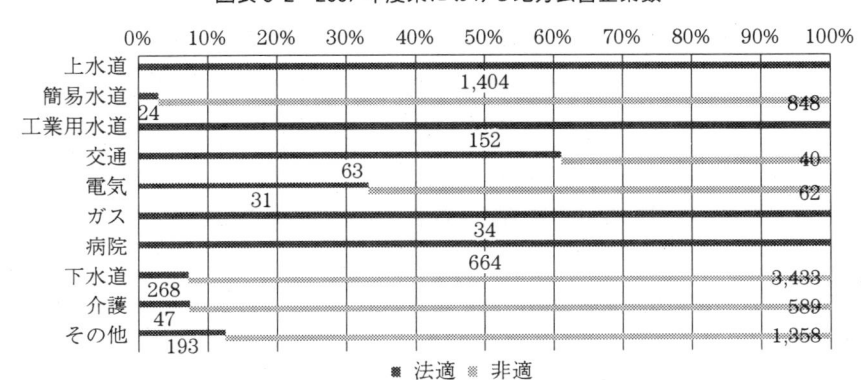

図表 8-2　2007 年度末における地方公営企業数

事業	法適	非適
上水道	1,404	848
簡易水道	24	
工業用水道	152	
交通	63	40
電気	31	62
ガス	34	
病院	664	
下水道	268	3,433
介護	47	589
その他	193	1,358

出所：総務省（2009, 資109）

1-2　地方公営企業会計

1-2-1　複会計予算・決算

　地方公営企業は，先に指摘したとおり，法律上は自治体の特別会計という位置づけになっている。そして，地方自治法（以下「自治法」とする）の第 209 条にあるとおり，特別会計は歳入・歳出を区分経理するものとされており，また同第 210 条で一会計年度のすべての収入と支出を予算に編入する「総計予算主義」の適用が定められている。つまり，地方公営企業は，公営企業会計とは別に，歳入・歳出を経理する予算・決算が必要となる。この予算・決算については，年度内の日常的あるいは経常的な収入・支出（使用料収入や営業費用など）を「収益的な収入及び支出」（別名「3 条予算」という），臨時的あるいは投資的な収入・支出（土地の購入や施設・設備の整備などにともなう支出，あるいは資産の売却や企業債の発行による収入など）を「資本的な収入及び支出」（別名「4 条予算」という）という 2 つに分けて作成することになっている。

　このように，性質の違う収入・支出を 2 つに分けて経理することを「複会計制度」と呼び，法適用企業は複会計の予算・決算を作成することが義務づけられている。ただし，気をつけなければならないのは，実は「収益的収入及び支出」は，厳密には現金の収入・支出だけではなく，損益計算書の収益・費用が

載っているということである。つまり，法適用企業の「収益的収入及び支出」は，後ほど説明する公営企業会計の損益計算書の予算・決算，「資本的収入及び支出」は公営企業会計の貸借対照表の資産・負債の増減を引き起こす収支が計上されている。

なお，法非適用企業については，「特別会計」として区分経理がなされているだけであり，会計制度は実質的に一般会計と同じ現金の出入りだけを管理する予算・決算である。

1－2－2 地方公営企業会計の財務諸表体系

次に，上記の複会計予算・決算と並行して法適用企業が採用しなければならない公営企業会計の内容について，順次紹介する。まず，「決算報告書」（複会計の決算書）以外の財務諸表については，公企法第30条第7項において，損益計算書，剰余金（または欠損金）計算書，剰余金（または欠損金）処分計算書，貸借対照表の4点があげられており，その相互関係は図表8-3のように説明できる。

また，各表の内容について簡単に説明しておくと，以下のようになる。

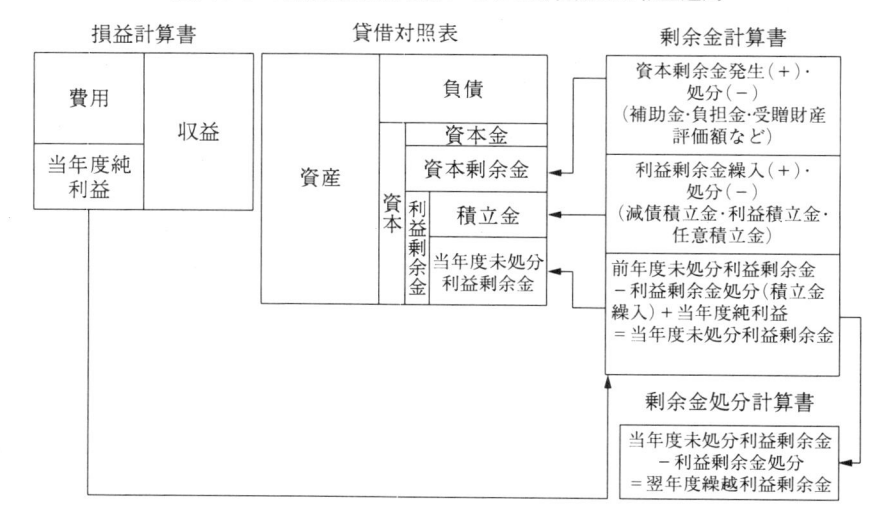

図表8-3　地方公営企業会計における財務諸表の相互連関

まず，損益計算書については，当該地方公営企業の本業（上水道事業であれば給水事業）における業績から3段階にわたり利益（＋）または損失（－）が計算されており，(1) 営業収益－営業費用＝営業損益，(2) 営業損益＋営業外収益－営業外費用＝経常損益，(3) 経常損益＋特別利益－特別損失＝当年度純利益となっている。内容的には，総利益の計算がない他は，民間の企業会計における損益計算書と大差はない。

次に貸借対照表であるが，項目の表示順が「固定性配列法」（固定資産や固定負債が流動資産や流動負債よりも先に表示されるもの）となっている点に注意が必要である。地方公営企業は，人を介したソフト・サービスの提供よりも，上下水道などのハードの集中的な整備と住民への提供が主な使命になっている。そのため，形成されたインフラや施設・設備が貸借対照表上で先に表示されることになる。また，資本の部の内容は民間の貸借対照表に比較するとかなり特殊な項目が多い。

その他の「剰余金計算書」と「剰余金処分計算書」については，貸借対照表の資本の部にある「資本剰余金」と「利益剰余金」の細目がどのように増減したかを報告するものである。

1－2－3　地方公営企業会計の特徴①—資本金—

地方公営企業の貸借対照表に計上される「資本金」は，民間企業には見られない特殊な名称の項目が並んでおり，その定義をあらかじめ理解しておく必要がある。具体的には，「自己資本金」と「借入資本金」に大別されており，その内容は以下のとおりである。

○**自己資本金**
1. **固有資本金**：地方公営企業法適用時（設立時）に，資産から負債を差し引き，資産の源泉として明確になっている国庫補助金や工事負担金などをさらに引いて差額計算した残額。例えば，公企法適用時に総資産30億円，総負債10億円，特定できる国庫補助金源泉が5億円だったとすると，以下のようになる。

第2編　公会計と公監査の理論と制度

　　　（借方）資産　30億円　（貸方）負債　10億円
　　　　　　　　　　　　　　　　　国庫支出金　5億円
　　　　　　　　　　　　　　　　　固有資本金　15億円

2. **繰入資本金**：地方公営企業設立後に，自治体の一般会計等から追加で出資金を収入した額。一般会計等から固定資産等を移管した場合も「現物出資」とみなして，繰入資本金に計上する。例えば，自治体から追加の出資金を現金で5億円受け取ると，以下のようになる。

　　　（借方）現金　5億円　（貸方）繰入資本金　5億円

3. **組入資本金**：利益剰余金に計上していた積立金について，目的に沿った使用を行った際に当該金額を資本金に振替えたもの（ただし，民間企業の利益剰余金の資本組入は，2006年の新会社法により禁止された）。例えば，利益剰余金に積み立てていた減債積立金500万円を企業債の償還に使用した場合には，以下のような仕訳がなされる。

　　　（借方）借入資本金（企業債）　500万円　（貸方）現金　500万円
　　　（借方）減債積立金　500万円　（貸方）組入資本金　500万円

○**借入資本金**：地方公営企業が「建設又は改良に要する資金に充てるために発行する企業債」（公企令第15条第2項）は，負債の部ではなく，資本の部に「借入資本金」として計上することになっている。民間企業にはみられない，こうした特殊な処理を行う根拠としては，地方公営企業の固定資産が公共サービスを継続的に供給するために維持されなければならない資本であるという解釈がなされている。しかし，「借入資本金」の実態が負債であることは明白であり，貸借対照表が示している財政状態の情報を歪めるとの批判も大きい（池田　2008, 3-4）。こうした意見を受けて，後に1-3

第8章　公営企業等の公会計制度

で紹介するとおり,「借入資本金」については,負債に計上し直す方向で見直しが進められている（2009年7月現在）。

1−2−4　地方公営企業会計の特徴②─みなし償却─

　公営企業会計は,原則としてすべての償却資産について,毎年度減価償却を行わなければならない（公企則第6条）。ただし,同規則第8条第4項では,有形固定資産に関係する資本的支出に充てるために交付された補助金,負担金など（以下「補助金等」とする）を控除した金額に対して減価償却を行うことを認めている。これを「みなし償却」と呼んでいる。ここでいう「補助金等」は,公営企業を設置した自治体以外から受け取る国庫補助金や工事負担金などとともに,自治体の一般会計等からの繰入金も対象としている。充当された「補助金等」は損益計算書の収益には計上されず,貸借対照表の資本剰余金に計上される。例えば,公営企業の10億円の施設を整備する際に5億円の国庫補助金と5億円の企業債で財源をまかなった場合には,10億円−5億円＝差し引き5億円に対して減価償却を行えばよいことになる。そして,取得した資産を除却する際には,資本剰余金も同額を取り崩して,損失が発生しないようにする。会計処理上の仕訳を紹介すると,以下のようになる。

【取得時】
(借方) 現金・預金10億円　　(貸方) 資本剰余金（国庫支出金）5億円
　　　　　　　　　　　　　　　　　借入資本金5億円
(借方) 有形固定資産10億円　(貸方) 現金・預金10億円

【減価償却時】※耐用年数＝10年（残存価格・償却限度額なし）とする。
(借方) 減価償却費5千万円　(貸方) 減価償却累計額5千万円

【除却時】※耐用年数（10年）経過後を仮定し,備忘価格は考えない。
(借方) 減価償却累計額5億円　　　　(貸方) 有形固定資産10億円
　　　　資本剰余金（国庫支出金）5億円

この「みなし償却」については，地方公営企業が住民等から徴収する料金収入で回収すべきではない費用を損益計算から除く目的がある。例えば，上水道のインフラ整備については，事業費の1/3または1/4が国の補助となっているが，こうした国の政策で整備された部分は，更新時も国が責任をもって更新資金を手当てすると考えられるため，利用料金に含めた回収はしない。ただし，損益計算書をもとにすると，地方公営企業の期間費用が低く見積もられてしまう点を批判する意見もある。

また，ここで誤解してはいけないのは，「みなし償却」を行ったからといって，有形固定資産に係る費用（損失）の計上を完全に免れるわけではないということである。毎年度減価償却を行えば，損益計算書に減価償却費が費用として耐用年数の間に徐々に計上され，「みなし償却」を行えば，資産を除却した際に総額が損失として認識される（ただし，すぐに資本剰余金の取崩で埋め合わせが行われる）。要するに，どのタイミングで費用（損失）を認識するかという違いであり，減価償却は利用料金収益の発生と同期し，「みなし償却」は「補助金等」の収益化とタイミングを合わせているに過ぎない。

1－3　地方公営企業会計の見直し

これまでに紹介した公営企業会計については，「借入資本金」や「みなし償却」など固有の特殊な処理に関して，古くから見直しの議論があった。とくに最近では，旧・自治省が組織した「21世紀を展望した公営企業の戦略に関する研究会」が2000年に発表した報告書，また総務省の「地方公営企業会計制度研究会」が2004年に出した報告書も同様の指摘を行っている。内容的には「借入資本金の負債への計上」「キャッシュ・フロー計算書の導入」「販売用不動産等への時価評価導入」「退職給付引当金の計上義務づけ」などが検討課題としてあがっており，その後2006年12月から2008年3月にかけて総務省が開催した「公営企業会計制度に関する実務研究会」でも，同じ事項が検討に付されていた。

こうした流れを受けて，2009年5月30日，総務省は公営企業会計の見直し

に本格的に着手することを発表し，同年6月8日に「地方公営企業会計制度等研究会」を発足させている。この研究会の検討事項には，これまで懸案とされていた「借入資本金の負債計上の是非」「みなし償却見直しの可能性」「現行制度で義務化されている積立金と繰入資本金の継続の是非」「退職給付引当金義務化の是非」「繰延勘定見直しの可能性」「たな卸資産時価評価の是非」「減損会計導入の是非」「リース会計導入の是非」「セグメント情報開示義務づけの是非」「キャッシュ・フロー計算書導入の是非」といったテーマがあがっており，改訂への道筋がつけられるものと期待されている。

2　独立行政法人の会計

2—1　独立行政法人制度

「独立行政法人制度」（以下「独立行政法人」は「独法」とする）は，(1) 中央省庁改革，(2) 特殊法人改革，(3) 特別会計改革という3つの行財政改革から生まれた制度であり，国の独法が先行して設立された。そして，国の独法については，法人毎に個別法に基づいて強制的に設立されている点が特徴となっている。また，法人の役職員を公務員身分のままとする「特定独立行政法人」と非公務員型の「非特定独立行政法人」が制度的に存在するが，組織・業務の見直しが継続的に進められた結果，2008年4月現在で公務員型の法人は101法人のうち8つを残すに過ぎない（政策評価・独立行政法人評価委員会 2008, 8）。

こうした国における一連の独法制度整備を受けて，2004年に「地方独立行政法人法」（以下「地方独立行政法人」を「地方独法」，「地方独立行政法人法」を「地方法人法」とする）が施行され，地方自治体も独法を設立することが可能となった。地方法人法第21条には，法人化の対象となる業務を「試験研究機関」「大学」「公営企業」「社会福祉事業」「公の施設の管理」「その他付随業務」の6つに限定しており，この範囲に属する業務であれば，地方自治体は独自の判断で地方独法を設立できる。この点は，個別法により強制的に設立された国の独法

と異なっており，地方独法は，民営化，民間委託，指定管理者，地方公営企業法全部適用などと比較検討される，行政サービスの「外部化」の選択肢である点に注意が必要である。

なお，法人の役職員身分については，公務員身分を保証する「特定地方独立行政法人」と非公務員型の「一般地方独立行政法人」に分かれている。「大学」は「一般地方独立行政法人」の選択肢しかなく，その他の5業務も「業務の停滞がもたらす住民生活への支障」や「業務の中立性・公平性の確保」といった点で特段の要件を満たさない場合には，「特定地方独立行政法人」を選ぶことは出来ないとされている。

ちなみに，2008年4月現在で地方独立行政法人は45法人設立されており，公務員型は4法人で残り41法人はすべて非公務員型となっている。また，このうち35法人は「大学」であり，地方独立行政法人制度は，主として「大学」の法人化のために利用されているといえる。

2—2 独立行政法人会計

2—2—1 予算・決算制度

独法については，主務官庁や地方自治体の予算制度とリンクした予算・決算が財務諸表による報告とは別途存在する。具体的には，独法の年度計画において，1年間の収入・支出に関する予算が組まれ，「決算報告書」においてその実績が報告されている（通則法第38条・地方法人法第34条）。主務官庁・地方自治体は，独法の財務諸表よりも「決算報告書」で報告される収入・支出の予算・決算を中心にみて，管理・統制を行っているのが実情である。

2—2—2 独立行政法人会計の財務諸表体系

次に，上記の予算・決算と並行して独法が採用しなければならない独立行政法人会計（以下「独法会計」とする）の内容について，順次紹介する。まず，「決算報告書」以外の財務諸表については，「独立行政法人会計基準及び注釈」（以下「独法基準」とする）ならびに「地方独立行政法人会計基準及び注釈」（以下「地方独法基準」とする）において，「貸借対照表」「損益計算書」「キャッ

シュ・フロー計算書」「利益の処分又は損失の処理に関する書類」「行政サービス実施コスト計算書」「附属明細書」の6点があげられている（独法基準第41・地方独法基準第39)。そして，附属明細書を除く5つの財務諸表の相互関係については，図表8-4のように説明できる。

まず，損益計算書については，次のような特徴が指摘できる。第一に，「企業会計原則」の「営業損益計算」が独法では存在しない。第二に，「費用」が先に計上され，それに対応する「収益」が後に載っている。さらに興味深いのは，「企業会計原則」では「費用収益対応の原則」について「一会計期間に属するすべての収益とこれに対応するすべての費用とを記載して」と書かれているのに対し，独法基準第62および地方独法基準第59には「各費用項目とそれに関連する収益項目とを損益計算書に対応表示」と記されている点である。つまり，独法の損益計算は，「ある収益をあげるためにどれだけの費用を要したか」という計算ではなく，「ある費用を使用した際に，どれだけの収益を財源として措置できたか」という逆方向の思考で行われていることが確認できる。

次に貸借対照表であるが，項目の表示順は「流動性配列法」（流動資産や流動

図表8-4　独立行政法人における財務諸表の相互連関

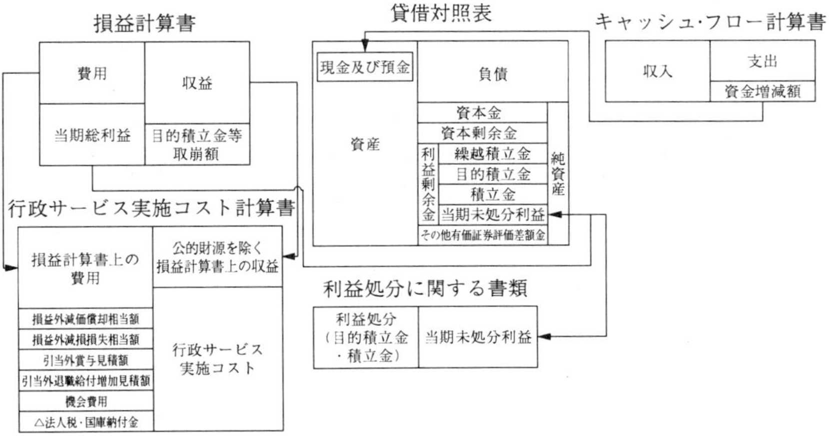

第2編　公会計と公監査の理論と制度

負債が固定資産や固定負債よりも先に表示されるもの）となっており，この点については地方公営企業よりも民間企業に近い。ただし，負債の部には，「運営費交付金債務」や「資産見返負債」といった，通常聞き慣れない項目が比較的大きな金額で計上されている。こうした項目は，実は通常負債の部に載るような借金の類ではなく，「将来の収益」を計上している。つまり，独法では，まず「費用」が発生しないと財源としての「収益」を認識しないため，まだ発生していない「費用」に対応する「収益」を一時的に負債の部に載せて保存しておく処理を行う。さらに，資本剰余金に計上されている「損益外減価償却累計額」や「損益外減損損失累計額」も独法独自の計上項目である。

　その他，「キャッシュ・フロー計算書」については，「業務活動」「投資活動」「財務活動」の3区分で資金の収入・支出が表示されており，民間企業と比較すると「営業活動」が「業務活動」に名称変更しているだけで，特に変わった点はない。ただし，民間企業の「キャッシュ・フロー計算書」は，2年度分の貸借対照表と当該年度分の損益計算書から「間接法」と呼ばれる方法で作成されるのが普通であるが，独法の「キャッシュ・フロー計算書」は，収入と支出の記録を直接使用する方法（「直接法」）を採用している。「利益の処分又は損失の処理に関する書類」については，「当期総利益」のうちいくらについて，主務官庁・地方自治体から「経営努力認定」を受け，「目的積立金」にしたいかを記載したものである。最後に「行政サービス実施コスト計算書」については，当該独法が1年度の間に活動を行うことにより，国民にどのくらいの負担を生じているかを示したものである。

2－2－3　独立行政法人会計の特徴①―運営費交付金の処理―

　独法の大きな特徴としては，従前の官庁予算のように使途を厳密に指定した項目別予算ではなく，使途を指定しないブロック補助金として運営費交付金が法人に交付される点があげられる。そして，運営費交付金の受領と収益化について，次のような特殊な会計処理がなされる。

　まず，運営費交付金は，受領時に一旦「運営費交付金債務」として貸借対照表の負債に計上される（下記の仕訳参照）。そして，中期計画（年度計画）に定め

られた「業務の進行」にともない収益化され，損益計算書に「運営費交付金収益」が計上される。よって，運営費交付金債務は未進行の計画業務に対する遂行義務を表すものともいえる。

【受領時】
(借方) 現金・預金　XXX　(貸方) 運営費交付金債務　XXX

　では，運営費交付金は，どのようなタイミングで損益計算書上の収益となるのか。この「収益化基準」には，「業務達成基準」（旧称「成果進行基準」：プロジェクト型業務の進展にあわせて収益化する），「期間進行基準」（時間の経過にあわせて収益化する），「費用進行基準」（計画に定められた業務の実施費用の計上にあわせて収益化する）の3種類があり，法人の業務の性格により収益化基準の選択は異なっている。ただ共通しているのは，費用がどの時点で発生していると仮定したかに応じて基準が3つに分かれており，「業務達成基準」は計画に対する外形的な業務達成実績に基づいており，「期間進行基準」は時間の進行とともに等分に費用は発生しているとみなしている。そして，「費用進行基準」は，まさしく当該費用が計上されたときに収益化されることになる。なお，収益化にあたっての仕訳は以下のようになる。

【収益化時】
(借方) 運営費交付金債務　XXX　(貸方) 運営費交付金収益　XXX

　次に運営費交付金を使用した固定資産の取得に関する会計処理を説明する。特に運営費交付金で償却資産を取得したと合理的に特定できる場合には，財源である運営費交付金全額を一旦「資産見返運営費交付金」という固定負債に計上する点が特異である。そして，当該資産の減価償却費の発生にあわせて，同額の「資産見返運営費交付金」を「資産見返運営費交付金戻入」として収益化する。つまり，減価償却費という費用の発生にあわせて，運営費交付金は収益

化されるわけであり，徹底した費用と収益の対応を図っていることが分かる（下記の仕訳参照）。

【減価償却時】
(借方) 減価償却費 XXX　(貸方) 減価償却累計額 XXX
(借方) 資産見返運営費交付金 XXX　(貸方) 資産見返運営費交付金戻入　XXX

なお，寄付金の受領と収益化についても，運営費交付金とほぼ同じ処理がなされている。

2—2—4　独立行政法人会計の特徴②—特定資産の減価償却—

「特定資産」とは，国や地方自治体からの現物出資，あるいは国や地方自治体からの施設費で整備された独法の財産的基礎を指している。当該資産の減価償却費は法人の収益で回収することが求められていないため（運営責任の範囲外），損益取引ではなく資本取引として扱われる。よって，損益計算書に減価償却費は計上されず，資本剰余金の控除項目（損益外減価償却累計額）が加算されることになる（下記の仕訳参照）。

【減価償却時】
(借方) 損益外減価償却累計額　XXX　(貸方) 減価償却累計額　XXX

2—2—5　独立行政法人会計の特徴③—当期純利益—

独法については，まず国または地方自治体により政策に沿った中期目標が定められ，その目標を達成するために自ら計画を作成し，各年度に必要な業務を実施する。そして，その結果生じた「費用」が損益計算書に載る。ここで注意しなければならないのは，この「費用」は，民間企業のように「収益を獲得するために使用されたもの」ではなく，「法人としての使命を果たすために使用されたもの」だということである。よって，独法の業績を測るために「費用」と対照しなければならないのは「収益」ではなく，「法人としての使命の達成

度合い（目標の達成度合い）」という，損益計算書には載っていない情報ということになる。

では，独法の損益計算書に載っている「収益」とは何なのか。これは，「業務を達成するために措置された財源」を表しているに過ぎない。つまり，年度内に実施すべき業務を行うと「費用」が発生し，当該業務に対して事前に計画・予算化されていた財源が業務の実施とともに収益化される。したがって，独法がその使命を達成するために事前に予定していた活動を粛々と行えば，損益は均衡し，損益計算書の「利益」はゼロになるように設計されている。

2－2－6　独立行政法人会計の特徴④—行政サービス実施コスト計算書—

最後に紹介するのは，独法にしかない「行政サービス実施コスト計算書」という財務諸表である。この財務諸表は，独法が1年間の活動を通じて，どの程度の国民負担を要したかを示すものである。よって，法人の責任外となっている特定資産の減価償却費（損益外減価償却相当額）や国・地方自治体が負担する退職給付に係る費用（引当外退職給付増加見積額）などは，「損益計算書」には計上されていないが，将来的な固定資産の更新や退職給付の支払いにあたっては，税や政府債務を財源とした国民負担を要することになるため，「行政サービス実施コスト計算書」には計上する。

特に「行政サービス実施コスト計算書」には，「機会費用」という隠れた国民負担が計上されている点で興味深い。例えば，独法が国有財産等を無償で使用している場合，国等は地代や賃貸料を収入する権利を放棄しており，こうした収入を得る機会を逸失していると考えられる。また，政府出資についても，当該出資額を安全資産で運用した場合には利子収入を得ることができるが，それをあきらめて独法に出資していると解釈できる。そうした，収入機会の逸失費用が「機会費用」である。

なお，「行政サービス実施コスト計算書」で計算される「行政サービス実施コスト」（国民負担）の算出方法は，以下のとおりである。

行政サービス実施コスト＝損益計算書上の費用－運営費交付金・施設費・補

助金などの公的財源を差し引いた自己収入等＋損益外減価償却相当額＋損益外減損損失相当額＋引当外退職給付増加見積額＋引当外賞与見積額＋機会費用

3　まとめ

　以上,「地方公営企業」と「独立行政法人」の会計制度について説明してきた。両者とも財務会計制度は企業会計原則に基づいたものをそれぞれ持っているが，主務官庁や地方自治体などの設立管理主体との間では，資金収支を中心とした予算・決算システムが別途並行して動いており，実はガバナンス構造からみると，後者の方が重要視されているという実態がある。よって，財務諸表の機能や役割は，実は補助的・限定的なものとなっている。こうした二重システムは，独法という新制度だけをみると「過渡的」に思えるが，半世紀以上の歴史を持つ地方公営企業でさえ，何の変化もなかったことを考え合わせると，政府による現金統制の強さを如実に表すものと理解できる。

〈参考文献〉

池田昭義　『Q&A　地方公営企業の会計・監査の実務』ぎょうせい，2008年。
岡本義朗他　『独立行政法人会計』東洋経済新報社，2001年。
国立大学財務・経営センター　『平成20年度版　国立大学の財務』，2009年。
佐藤誠二　『国立大学法人財務マネジメント』森山書店，2005年。
新日本有限責任監査法人公会計本部（編）『わかりやすい地方独立行政法人の実務』
　　ぎょうせい，2004年。
新日本有限責任監査法人公会計本部（編）『Q&A地方独立行政法人の実務相談』ぎょう
　　せい，2007年。
政策評価・独立行政法人評価委員会　『独立行政法人評価年報』，2008年。
総務省　『平成19年地方公務員給与の実態』，2008年。
総務省（編）『平成21年版　地方財政白書』日経印刷，2009年。
宮田要・長隆　『外部監査のための地方公営企業会計の基礎』中央経済社，1997年。

渡邊和夫 「独立行政法人会計基準の特色」『会計検査研究』, 25, 2002年, pp. 9-21。

第9章

公監査の理論と制度

　近年，公共部門の公会計・開示改革が急務となっている。それは，財政の緊迫化と税金・公金の不正，濫用の多発が原因である。これらの現象は公会計と公監査制度の未熟さのゆえである。英・米を中心とした諸外国では数十年かけて取り組み，公会計・公監査制度の確立が達成され，制度を担うべき公監査人の職業倫理も確立されている。ここではとくに，国民・市民・納税者の観点から求められる公監査の理論的基礎と公監査制度・公監査基準をわが国で確立するための課題を検討することとする。

1　公的部門のパブリック・アカウンタビリティ

　公監査を担うべき公監査人は，まず政府・地方自治体・関係諸機関等の公的部門が，国民・市民・納税者に対して履行すべきアカウンタビリティは，民間の営利企業のアカウンタビリティ関係とは全く異質の特別の構造をもっていることを認識しなければならない。その根源は，財源が税金・公金だからである。そこで求められるアカウンタビリティはパブリック・アカウンタビリティと呼ばれ，諸外国では，公会計・公監査の展開の理論的根拠として確立している。

図表9-1 国民・市民の「公けの知る権利」に対する完全開示

すべての情報を「包み隠さず包括的に公表する」ことを目的とする			
財務情報			非財務情報
財務諸表		予算・収支報告書	非財務報告書
連結貸借対照表		予算・実績報告書	政策・行政評価報告書
連結財務業績報告			
	業績（行政）コスト・成果報告書		
	「行政の成績表に相当する」		

　国民・市民・納税者の「公けの知る権利」を包み隠さず履行するディスクロージャーの内容は図表9-1のとおりであり，公会計の構造を示している。

　公会計においては，公的部門の業績測定は，財務（会計）情報のみでなく，非財務（非会計）情報が不可欠である。とくに，近年は，税金・公金の濫用（無駄使い）が問題なっており，このためには業績（行政）コスト・成果報告書の作成が必須であり，諸外国では，業績成果報告書作成基準が設定されているが，わが国にはまだない。このように行政業務を効果的・効率的に実施し，国民・納税者へのパブリック・アカウンタビリティを，政府・自治体・パブリックセクターが履行するには，業績（政策・行政評価）報告書が必須である。

　国民・市民・納税者の求める完全なパブリック・アカウンタビリティの内容は，諸外国の政治・行政・財政・会計・監査制度によって異なるものの，用いられている概念を要約して類型化すると図表9-2のとおりである。矢印の左側が民間営利企業のアカウンタビリティであり，右側に進むと公的部門に求められるパブリック・アカウンタビリティである[1]。これらのパブリック・アカウンタビリティの履行のための公会計・開示基準と公監査基準が必要となり，公監査人の職業倫理の識別の基礎となる。図表9-2は，国民，納税者の観点からパブリック・アカウンタビリティをどう考えるかという類型であるが，各国とも税金の使い方の公監査の改革にこのアカウンタビリティ概念を活用して実施

図表 9-2 公監査・公会計のパブリック・アカウンタビリティの類型と展開

①財政的アカウンタビリティ→管理的アカウンタビリティ→プログラム・アカウンタビリティ
②誠実性・合法性アカウンタビリティ→プロセス・アカウンタビリティ→業績アカウンタビリティ→プログラム・アカウンタビリティ→ポリシー・アカウンタビリティ
③準拠性アカウンタビリティ→倫理的アカウンタビリティ
④事後的アカウンタビリティ→事前的アカウンタビリティ
⑤行政的アカウンタビリティ→政治的アカウンタビリティ
⑥手続的アカウンタビリティ→管理的アカウンタビリティ
⑦客観的アカウンタビリティ→主観的アカウンタビリティ
⑧量的アカウンタビリティ→質的アカウンタビリティ
⑨法規的（個別的統制）アカウンタビリティ→価値的（全体ガバナンス）アカウンタビリティ
⑩法規準拠的アカウンタビリティ→業績・法規準拠的アカウンタビリティ

している。

このように公監査構造は，アカウンタビリティ，そしてそれは拡張された受託責任となるパブリック・アカウンタビリティ，すなわち，公的説明責任をその基礎構造とするものである。意識改革からアカウンタビリティを強調している各国のベストプラクティスとして，アメリカの各省庁・州地方政府の業績アカウンタビリティ報告書，いわゆる PAR（Public Accountability Report）の作成，あるいはイギリスのチャーター（Charter）または基本理念の設定というように，アカウンタビリティの必要性を制度的に明示しているものが多数ある。

2　公監査目的の体系と公監査人の職業倫理

図表 9-2 のパブリック・アカウンタビリティを履行するための公監査目的の体系は，諸外国の公監査制度，準拠法規，公監査基準，公監査マニュアル等か

ら図表9-3のとおりとなる。諸外国の法規等では,監査,検査,評価,監察等の用語が用いられているが,外部公監査要件が充足されている場合は,公監査概念と合致しているものと考えることが可能である[2]。この外部公監査を実施する主体が外部公監査人であり,立法府監査人(legislative auditor)としての適格性の保持が独立性維持のために必須である。国民・納税者からの信頼性のある公監査の品質を確保するためには,公監査人としての職業倫理が意識されていなければならない。

公会計と公監査目的と,その相互の関連要素を示す類型を,体系化したものが,図表9-3である。包括監査(comprehensive audit)概念は,公会計・公監査目的の履行をすべて含むということであり,さらに完全監査,フルアカウンタビリティの監査とも呼ばれ,この10段階をすべて包含しなければならないことが原則である。

狭義の合法性監査は,法規違反行為,あるいは不正,あるいは濫用,いわゆるabuseまたはwasteという公金の無駄使いの摘発ということであり,そして合規性・準拠性監査がいわゆる内部統制またはガバナンスの有効性の検証を含み,したがって,これが広義の法規準拠性監査である。

第10段階の価値判断の監査は,政治的なプレッシャーとのコンフリクトを含むため,諸外国および日本においても,議会(立法府)との対立領域ということになり,監査意見表明上の公監査人と立法府の緊張関係領域でもあるが,アメリカGAOおよび州・地方政府ではこの第10段階を実施してきていると考えられる。イギリスにおいては,第10段階は,法的にも実施出来ないが,おおむね8段階の実施水準と考えられる。また地方自治体も8段階であろうと考えられる。一方日本では,地方公共団体では第7段階まで可能であるが,実際は包括外部監査,あるいは監査委員監査も,第5段階か第6段階程度の実施ということであるが,財政健全化法制の個別外部監査は第6～7段階を意味している。国においては,会計検査院等が,第8段階,第9段階まで可能と考えられるが,実際には国会や議会との関係および政治的要素もあり,実施については微妙な第7段階程度ということである。

第9章　公監査の理論と制度

図表9-3　公（政府）監査（検査・評価・監察）目的の基準の体系と展開10段階

政府監査の類型区分	狭義の類型区分	（測度の類型）	測度の類型	主な測度または指標	監査判断の基準及び測度	展開
財務監査　広義の合法性または準拠性ないしは法規準拠性監査	狭義の合法性監査				法規違反行為・不正・濫用の摘発	第1段階
	合規性・準拠性監査				政策方針及び予算の目的・手続・契約・要件の妥当性・適切性の検証・内部統制とガバナンスの有効性	第2段階
正確性または決算性監査	財務諸表監査				財務諸表の適正性・決算の正確性の検証	第3段階
	財務関連監査				財務関連事項の正確性・妥当性の検証	第4段階
業績監査（行政・3E・5E・VFM）包括監査または完全監査	経済性監査	（測度の類型）	インプット測度	インプットコスト，作業量，サービスニーズと量，プログラムインプット	（測度の特質） (1) 目的適合性　(2) 有効性（有用性）	第5段階
			アクティビティ測度	サービス努力，活動プロセス，資源の利用プロセス	(3) 反応性	
	効率性監査		アウトプット測度	提供財・サービスの質，一定の質のサービス量，アウトプットプロセス	(4) 経済性（管理可能性）	第6段階
			効率性測度	プログラム効率性，ポリシー効率性	(5) 比較可能性　(6) 明瞭性（理解可能性）	
	狭義の行政有効性監査	目標達成度の監査	有効性測度	プログラム有効性，ポリシー有効性，コスト行政性	(7) 互換性　(8) 接近可能性	第7段階
		アウトカムの監査	アウトカム測度	コストベネフィット，コストアウトカム，サービスの質	(9) 包括性　(10) 精選性	第8段階
			インパクト測度	短期的インパクト，長期的インパクト	(11) 正確性	
	政策評価	説明	説明測度	説明・記述情報	(12) 信頼性　(13) ユニーク性	
		代替案の監査	代替案決定の条件・プロセスの評価	代替案の提示，代替コースのレイアウト	(14) 適時性	第9段階
		価値判断の監査	政策の功罪・政治的判断の評価	政策目的の功罪，政治的意思決定の賢明性	(15) 完全性	第10段階

155

第2編　公会計と公監査の理論と制度

　公監査における監査主体が，独立性のある公監査人資格を有する必要があり，営利企業の会計監査における監査主体と同水準あるいはさらに強化されるものである。それゆえ，公監査人は独立外部公監査人と称することが一般化している。また，アメリカなど，国によっては，選挙や議会の任命の公監査人や外部監察官（IG）および公認会計士等の外部公監査人の利用を，とくに会計・決算監査すなわち財務諸表監査や不正・濫用の摘発監査領域で実施しており，この場合は，相対的に独立性が強化されている。地方公共団体で監査，監察，検査，評価を担当する者を包括して外部公監査人と呼ぶ。

3　米・英の公監査の展開と公監査基準

　公監査基準は，アメリカでは1972年に第1版が，イギリスでは，1983年に第1版が設定され，それぞれ行政・会計・監査の環境の変化により数次の改訂が行われており，現在の公監査基準の比較表は，図表9-4のとおりである[3]。

　アメリカ政府監査基準（イエローブック）は，1972年からほぼ5年毎に改訂され2008年に第6次改訂が行われた。この改訂の主な趣旨は，次のとおりであった[4]。

① 政府活動のアカウンタビリティと情報提供の変化
② 監査人の責任の基準の明確化
③ 政府監査人の倫理性と独立性の強化

　公監査人の職業倫理として営利企業の監査人と比較して特徴づけなければならない点は，イ．国民たるパブリックの利害と関心に対する責任を果たすことを厳格に受容すること，ロ．倫理原則として特に独立性と，高潔性が求められること，ハ．高潔性は，客観性，事実準拠性，非党派性，非イデオロギー主義を厳格に守らなければならないこと，ニ．監査機関の管理者は倫理文化を保持すること，ホ．公監査人は種々の重圧を回避する能力を保持すること，ヘ．専門的知識の保持と専門的態度の行使に努力すること。

図表9-4 政府監査基準の構成比較表

米国：政府監査基準（GAGAS）2007	英国：地方自治体監査コード2008
前文 1. GAGASの利用と適用 　序文 　GAGASの目的と適用 　GAGASの専門的・必要要件を定義するための 　専門用語の使用 　監査人の報告書のGAGASとの準拠性の表明 　GAGASと他の職業専門基準との関係 　GAGASの監査と証明業務の類型 2. 政府監査における倫理原則 　序文 　倫理原則 3. 一般基準 　序文 　独立性 　職業専門的判断 　適格性 　品質管理と保証 4. 財務監査の実施基準 　序文 　AICPA実施基準 　追加的政府監査基準 　GAGAS財務監査に対する追加的考慮 5. 財務監査報告の報告基準 　序文 　AICPA報告基準 　追加的政府監査基準 6. 証明業務の一般・実施・報告基準 　序文 　証明業務基準の一般・実施基準 　追加的政府監査基準 　GAGAS証明業務基準の追加的考慮 　証明業務基準のAICPA報告基準 　追加的政府監査基準 7. 業績監査の実施基準 　序文 　合理的保証 　業績監査の重要性 　監査リスク 　計画 　監督 　十分な，適切な証拠の収集 　監査文書 8. 業績監査の報告基準 　序文 　報告 　報告の内容 　報告書の配布	1. 前文 　パブリックセクターの外部監査の役割 　監査委員会（AC）の役割 　任命された監査人の法的責任と権限 　監査コードの適用 　公監査のACモデル（統合監査） 　・財務諸表の監査 　・資源活用3E確保の監査 　・リスク基礎監査 　コードの内容 2. 一般原則 　コードの位置付けと適用 　コードの範囲 　監査の範囲と監査人の目的 　監査のアプローチ 　誠実性，客観性，独立性 　秘密保持 3. 財務諸表の監査 　・財務諸表に対する適正性の意見 　・合理的保証 　・内部統制報告書のレビュー 4. 資源活用の監査人の責任 　・経済性・効率性・有効性の観点 　・年度業績プラン（BVPP）の監査 　・監査リスクの評価 5. 監査業務の結果の報告 　・監査のアウトプット 　・監査報告の原則 　・監査計画の文書 　・監査業務の個別観点の報告書 　・ガバナンス責任者への報告 　・監査報告書 　・監査人の証明 　・年度監査レター 　・公的利害関係者への報告書 　・勧告 　・ACへの報告情報

第2編　公会計と公監査の理論と制度

④　監査業務と証明業務の明確化
⑤　濫用に対する監査人の責任の明確化
⑥　財務監査，内部統制の明確化
⑦　業績監査の高品質化
⑧　業績監査の目的，適切な証拠，保証水準との関連性の明確化
⑨　立法府によるガバナンスに対する監視の強化等

　以上のようにアメリカの公監査の展開方向は，①公監査人たる政府監査人の独立性の強化，②濫用および税金の無駄使いに対する法規準拠性と業績監査の強化，③財務監査における内部統制の位置付けの明確化，④業績監査および法規準拠性監査の目的設定と保証水準および証明業務の明確化，⑤業績管理統制を含む政府組織のガバナンスの強化である。
　イギリスの公監査では，VFM（政府支出の価値）監査の拡張である業績監査の強化が展開方向の①としてあげられる。従来，1992年の業績指標であるシチズンズチャーターに基づく業績監査からBVPP（ベストバリューパーフォーマンスプラン）の監査，CPA（包括的業績評価）と地方自治体の業績評価を強化し

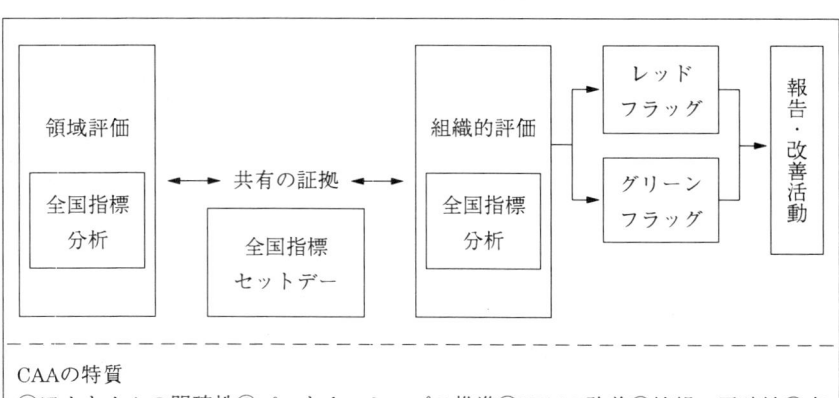

図表9-5　CAAの構造

```
┌─────────────┐                    ┌─────────────┐    ┌──────┐   ┌──────┐
│  領域評価   │                    │ 組織的評価  │ →  │レッド│   │報告・│
│             │ ←→ 共有の証拠 ←→  │             │    │フラッグ│ │改善  │
│  全国指標   │                    │  全国指標   │    │グリーン│→│活動  │
│    分析     │     ┌─────────┐   │    分析     │ →  │フラッグ│  │      │
│             │     │全国指標  │   │             │    └──────┘  └──────┘
└─────────────┘     │セットデー│   └─────────────┘
                    └─────────┘
```

CAAの特質
①アウトカムの明確性②パートナーシップの推進③VFMの改善④情報の正確性⑤市民への独立的保証の強化⑥中央政府による独立的証拠⑦インスペクションとのジョイント

ていたが[5]，これをさらに強化するものとして CAA（包括的領域評価）が 2008 年より導入された[6]。これは，個別的な業績評価を同領域のものを包括的に評価し，これに全国的な指標によるインスペクション（監察）を組み込んで評価する方式であり，さらにこれに業績監査や法規準拠性監査とによって信頼性を確保する体系をとり，図表 9-5 のような構造で行われる[7]。これは，評価結果としてレッドフラッグとグリーンフラッグによる評価結果が示され，事実上の格付けがなされ，これにより各自治体経営の監視が強化され，また，将来的には当該自治体への補助金交付へも影響するシステムになる可能性がある[8]。

4　日本の公監査の展開と公監査基準

4—1　会計検査院の公監査

わが国の公監査は 1880 年の憲法によって内閣から独立して設立された会計検査院によって行われ，検査院は 1998 年の改正後の会計検査院法（院法）第 20 条に基づき，①（正確性）決算が予算執行の状況を正確に表示しているか，②（合規性）会計経理が予算や法令等に従って適正に処理されているか，③（経済性・効率性）個々の事業が経済的・効率的に行われているか，④（有効性）事業全体が所期の目的を達成し効果を上げているかをその検査目的とすることが明記されており，公監査論の観点からは財務監査・準拠性監査および業績監査が実施されている。また，2005 年の改正においては，①国の役務の請負人への実地検査，②国会や内閣に随時報告することができるようになっている。

「決算検査報告」は，日本国憲法第 90 条の規定により，国の収入支出の決算を検査し，会計検査院法第 29 条の規定に基づいて内閣に提出される。会計検査院の「決算検査報告」によれば，検査報告書に掲記される事項は「不当事項」，「意見を表示しまたは処置を要求した事項」，これには院法第 34 条の是正の処置を要求した事項および是正改善の処置を要求した事項，そして第 36 条の改善の意見を表示した事項および改善の処置を講じた事項があり，「本院の

指摘に基づき当局において改善の処置を講じた事項」および「特に掲記を要すると認めた事項」である。会計検査院の検査は，展開段階の有効性監査に入っているものの更なる進展を目指すべきであろう。また，アメリカGAOのような政府監査基準を作成しておらず，院内における準則的またはマニュアル的手続基準の存在をうかがわせるものの公表はされておらず，政府監査基準の設定および公表等の今後の改善が必要である。

4—2 独立行政法人の公監査

1999年の中央省庁等改革基本法および2000年の独立行政法人通則法（通則法）の成立により，2001年4月から各個別法の成立によって独立行政法人が成立し運営を開始した。独立行政法人は国の行っていた事務・事業を独立行政法人へ移行させ効率性を高めるために導入されたものであった。そこで会計および監査制度に一般の営利組織の企業監査人監査制度が導入されることとなった。

会計監査人監査は外部監査として行われる。すなわち通則法第38条に独立行政法人に対して財務諸表の作成と主務大臣による承認を受けること，ならびに財務諸表および決算報告書に関して会計監査人の意見を付すことを義務づけるとともに，第39条で独立行政法人に対して，財務諸表，事業報告書（会計に関する部分に限る）および決算報告書（以下，財務諸表等と略称）について，会計監査人による監査を受けることを原則として義務づけている。監査は，財務諸表等に対して会計監査と財務諸表等に重要な影響を及ぼす法規準拠性の観点が強調される監査となっている。それゆえ政府監査の図表9-3の展開段階の第3段階が基本的目的であるが，財務諸表監査として第4および法規準拠性の観点で第1・2段階も一部包含されていると考えられる。しかし監査実施局面においては監査人の責任との関連で議論が多い。

2003年3月より財務省・総務省による共同ワーキングチームにより，営利組織のGAASである2002年1月の新監査基準の改訂および2003年2月の「独立行政法人会計基準」および「同注解」の改訂により連結財務諸表および

区分経理に基づく勘定別財務諸表の導入に合せた監査基準の改訂が行われた。改訂の論点は，①通則法でいう財務諸表と営利組織の財務諸表の相違部分，すなわち，行政サービス実施コスト計算書，事業報告書および決算報告書の監査可能性，②機会費用の計上に対する監査判断の可能性，③利益処分における積立金設定の判断の監査可能性，④主務大臣による財務諸表等の承認の期間的ズレおよび修正の可能性と監査報告書の日付等の第1年度監査実施による初年度監査の問題点，⑤連結財務諸表の監査，⑥勘定別財務諸表の監査実施可能性，法規準拠性の観点の監査の範囲，法規の理念である経済性・効率性の視点の検証の可能性，そして営利組織の監査と異なる領域に関する保証水準の相違に対する監査報告書の様式であった。

　2003年7月に独立行政法人に対する会計監査人の監査に係る報告書の改訂が行われ，この第6章に改訂後の「独立行政法人に対する会計監査人の監査の基準」が示されている。その構成は次のようになっている。第1節　基本的な考え方，第2節　監査の目的，第3節　一般基準，第4節　実施基準，第1　基本原則，第2　監査計画の策定，第3　監査の実施，第4　他の会計監査人等の利用，第5節　報告基準，第1　基本原則，第2　監査報告書の記載，第3　無限定，適正意見の記載事項，第4　意見に関する除外，第5　監査範囲の制約，第6　追記情報，第7　参考資料である。

4−3　地方自治体の監査委員の公監査

　わが国地方自治法第195条において監査委員が設置され，第199条の①において財務に関する事務の執行および経営に係る事業の管理を監査し，②において必要があると認めるときは，事務の執行について監査することができるとされている。②が行政監査を指すものと考えられている。

　地方自治法および監査基準によって監査委員監査の目的は展開段階の第8および第9段階を包含しているものと考えられるが，実務上は自治法第199条の③に規定されている自治法第2条第14項の最少の経費で最大の効果および第15項の組織および運営の合理化の観点は初歩的な水準と考えられている。す

なわち経済性・効率性および有効性の監査は進展しておらず，財務・会計に関する準拠性および合理性の監査がその目的となっている。しかしながら平成3年の地方自治法の第199条第1項に基づく行政監査の立法趣旨からは，第8段階または第9段階への展開も今後ありうるものと考えられる。

4—4 地方自治体の外部公監査

1997年の地方自治法の改正により1999年4月より地方公共団体に対する外部監査が実施された。この包括外部監査は地方自治法第252条の37により財務に関する事務の執行および経営に係る事業の管理のうち，第2条第14・15項の規定の趣旨を達成するため必要と認める特定の事件について実施するものとされる。包括外部監査人は監査の結果に関する報告を行い，必要があると認めるときは報告に添えてその意見を提出することができるとされる。

監査の観点としては，自治法第2条第14項の趣旨である最少の経費で最大の効果，自治法第2条第15項の趣旨である組織運営の合理化，準拠性，合規性（適法性と正当性とされる），経済性，効率性，有効性をあげており，監査の方法として事業の管理運営，財務事務の監査，関係帳簿の監査，分析および証拠資料の査閲およびその他必要と認めた監査手続としている。

包括外部監査の展開段階は有効性監査を目指しているものと考えられるが，監督官庁の法解釈および実施上の監査環境の不整備から経済性と効率性監査と考えられる。立法趣旨からは有効性監査の監査実施も結果的に行われるべきものと考えられる。

4—5 地方自治体の財政健全化法の公監査の強化

地方公共団体の財政破綻の防止のための財政健全化法が公布され，平成20年度より一部施行され，平成21年度に本格施行された。ここでは，公会計改革として財務書類の作成と業績指標としての健全化判断比率の算定と公表が行われる。前者は連結財務書類が作成・開示され，後者は業績指標の公表と基準以上になるイエローカード，レッドカードが出され，健全化計画または，再生

第9章 公監査の理論と制度

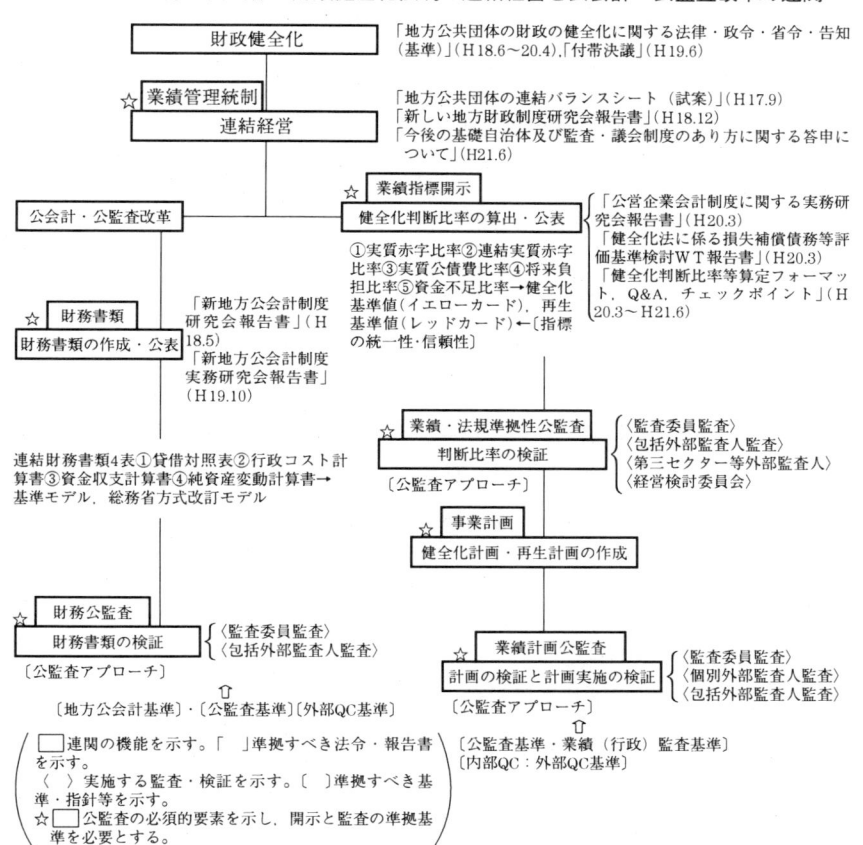

図表9-6 地方公共団体の財政健全化法制・連結経営と公会計・公監査改革の連関

```
┌──────────────┐    「地方公共団体の財政の健全化に関する法律・政令・省令・告知
│  財政健全化   │    （基準）」(H18.6～20.4),「付帯決議」(H19.6)
└──────────────┘
┌──────────────┐    「地方公共団体の連結バランスシート（試案）」(H17.9)
│☆業績管理統制 │    「新しい地方財政制度研究会報告書」(H18.12)
├──────────────┤    「今後の基礎自治体及び監査・議会制度のあり方に関する答申に
│   連結経営   │    ついて」(H21.6)
└──────────────┘

                   ┌────────────────┐
                   │☆業績指標開示  │  ┌「公営企業会計制度に関する実務研
┌────────────────┐│健全化判断率の算出・公表│  │ 究会報告書」(H20.3)
│公会計・公監査改革││                │  │「健全化法に係る損失補償債務等評
└────────────────┘│①実質赤字比率②連結実質赤字│  │ 価基準検討WT報告書」(H20.3)
                   │比率③実質公債費比率④将来負│  │「健全化判断比率等算定フォーマッ
                   │担比率⑤資金不足比率→健全化│  │ ト，Q&A，チェックポイント」(H
                   │基準値(イエローカード),再生│  │ 20.3～H21.6)
┌──────────────┐「新地方公会計制度│基準値(レッドカード)←[指標│
│  財務書類    │ 研究会報告書」(H│の統一性・信頼性]          │
├──────────────┤ 18.5)
│財務書類の作成・公表│「新地方公会計制度
└──────────────┘ 実務研究会報告書」
                      (H19.10)
                                   ┌────────────────┐
                                   │業績・法規準拠性公監査│〈監査委員監査〉
                                   │  判断比率の検証   │〈包括外部監査人監査〉
                                   └────────────────┘〈第三セクター等外部監査人〉
連結財務書類4表①貸借対照表②行政コスト計   [公監査アプローチ]〈経営検討委員会〉
算書③資金収支計算書④純資産変動計算書→
基準モデル,総務省方式改訂モデル            ┌────────────────┐
                                            │    事業計画       │
                                            │健全化計画・再生計画の作成│
                                            └────────────────┘

┌──────────────┐                         ┌────────────────┐
│  財務公監査  │〈監査委員監査〉           │業績計画公監査    │〈監査委員監査〉
├──────────────┤〈包括外部監査人監査〉     │計画の検証と計画実施の検証│〈個別外部監査人監査〉
│財務書類の検証│                         └────────────────┘〈包括外部監査人監査〉
└──────────────┘                         [公監査アプローチ]
[公監査アプローチ]
    ↑
[地方公会計基準]・[公監査基準][外部QC基準]  〈公監査基準・業績（行政）監査基準〉
                                            [内部QC：外部QC基準]
```

(⎡□⎤ 連関の機能を示す。「　」準拠すべき法令・報告書
を示す。
〈　〉実施する監査・検証を示す。[　]準拠すべき基
準・指針等を示す。
☆□ 公監査の必須的要素を示し，開示と監査の準拠基
準を必要とする。)

計画を設定して国等の監視の中，自治体の経営改革を実施しなければならない。この関係を示したものが図表9-6である。

財政健全化法制により次のように監査委員・包括外部監査人・個別外部監査人の公監査機能が強化された。

① 監査委員
(1) 健全化判断比率とその算定書類を審査し意見を付して議会に報告しなければならない。

(2) 長は監査委員へ国等の健全化計画等の実施状況の勧告を通知しなければならない。

② 包括外部監査人
(1) 健全化判断比率とその算定書類を調査することができる。
(2) 長は国等の健全化計画等の実施状況の勧告を通知しなければならない。
(3) 監査にあたって健全化の観点から特に意を用いなければならない。

③ 個別外部監査人
長は健全化計画等の監査を求めなければならない。

すなわち財政健全化法の公会計・公監査の観点からの特質は，実質性（妥当性・適正性），連結会計，発生主義，監査・審査（検証可能性），指標・尺度，期間計算，独立性，3E，ガバナンス（財政規律），予算と決算，コスト計算，政治・行政責任，将来志向，包括性，世代間の公平，公表・公開，比較可能性，格付，時価評価，議会の監視等が強調されているものと考えられる。

健全化法の開示および公監査として実施される場合の検証可能性の課題は，次のとおりと考えられる。

4―5―1 健全化判断比率の指標

かかる監査は前述の業績監査における指標の監査に相当するものであり，監査可能性を高めるためには指標の信頼性が担保出来得る過程が明示されなければならないが，図表9-6の財務書類から誘導法で導かれるものではないこと，一方では算定過程の検証可能性をいかに高めるかが監査の成否にかかっている。

4―5―2 健全化計画・再生計画

この監査は業績監査における英国のCAAの監査に相当するものであり，また公監査における事前監査および企業会計におけるGC（ゴーイングコンサーン）監査というプログラム評価をともなう将来予測監査の性質をもつものである。かかる監査が実効性あるものとなるためには準拠基準の設定と監査の準拠基準が必要である。

第9章　公監査の理論と制度

4－5－3　公営企業の健全化指標

とくに公営企業の多様な業務活動から，解消可能な資金不足額を算出する過程には首長，議会および行政側の恣意性が介入する余地があり，計算式に算入すべき勘定科目や明確な作成過程と過程に対する内部・外部監査体制を整備する必要がある。

4－5－4　第三セクターの財務書類

将来負担比率に算入される第三セクターの損失補償見込額は，将来の経営状況を把握した上での見積額であり，数値の信頼性の担保および検証が必要である。

5　むすびにかえて

国の公会計改革および地方公共団体の財政健全化にともなって公会計改革と公監査改革が動きだしたものと考えられるが，識別すべき課題を要約すると下記のとおりとなる[9]。

1）財政および財務改革にパブリックアカウンタビリティチェーンの意義を識別し，信頼性のある開示をしなければ，国民・市民・納税者の期待ギャップが広がり，行政運営への不満が増幅する。このチェーンの最終段階に位置するのが，公監査であることが公監査人の職業倫理の基礎である。

2）このためには，開示されるべき包括的年次業績報告である図表9-4の体系を識別し，行政成果結果の測定と開示の精微化を促進しなければならない。

3）監査可能性を前提にした公会計基準が独立性のある機関で統一的に設定されなければならない。

4）財政健全化指標や健全化計画は，各地方公共団体の財務的格付けを結果するものであり，この信頼性すなわち粉飾の可能性は排除されるべきであり，そのための指標算出過程の検証可能性を高める措置および内部・外部監査可能性を高める措置が必要である。

5) 公監査では業績監査機能の履行が，パブリックアカウンタビリティの究極の目的であり，したがっていわゆる3Eまたは近年の傾向である5E監査およびVFM監査対象として業績報告書作成基準と公監査基準の設定が喫緊の課題である。

〈注〉

1) GAO, *Government Auditing Standards,* July 2007 Revision, p. 83.
2) ibid, pp. 5-23.
3) GAO, *Government Auditing Standards,* July 2007 Revision.
   Audit Commission, *Code of Audit Practice 2008*, August *2008*.
4) GAO, ibid, pp. 1-4.
5) D. A, *Comprehensive Performance Assessment–What's it all about,* 2002. p. 1.
6) A. C, *Comprehensive Area Assessment,* Summer 2008. p. 90.
7) A. C, *Comprehensive Area Assessment–Joined up assessment for joined up local services,* July 2008. p. 2.
8) Local Government Association, *Central–Local Concordat,* December 2007. pp. 1-4.
9) 鈴木豊『政府・自治体パブリックセクターの公監査基準』中央経済社，2004年。
   鈴木豊『自治体の会計・監査・連結経営ハンドブック―財政健全化法制の完全解説』中央経済社，2008年。
   鈴木豊訳・著『アメリカの政府監査基準』中央経済社，2005年。
   鈴木豊稿「地方公共団体のパブリックアカウンタビリティ」『公営企業』財団法人地方財務協会，2007年10月号。
   鈴木豊「地方公共団体の公会計，公監査改革の論点」『地方財政』財団法人地方財務協会，2008年2月号。
   鈴木豊「公営企業の財政健全化」『自治フォーラム』自治大学校，2008年6月号。
   鈴木豊「地方自治体の財政健全化指標の算定と活用」財団法人大蔵財務協会，2009年4月。

第3編

外国の公会計制度と各国の動向

第10章 アメリカの公会計制度

　公会計制度改革はアメリカとイギリスはともに早くから実施してきた。アメリカは連邦制であるため国（連邦政府）と地方（州政府およびその地方政府）で異なる部分も多い。はじめにアメリカの公会計制度についてみよう。

1　米国の公会計制度の概要と特徴

　米国の公会計制度は大きく連邦政府会計，州・地方政府会計，政府機関以外の非営利組織会計の3つに区分できる。それぞれの区分について，統一的な会計基準が策定されており，区分毎に会計基準に従った運用がなされている。

　以下では，米国の公会計制度として，連邦政府会計と州・地方政府会計について解説する。なお，地方政府とは州の下にある行政区域，公的機関または団体のことである。

1―1　連邦政府の会計

1―1―1　概要

　連邦政府会計制度の構築・維持に関する権限と責務は，主に行政管理予算庁

(Office of Management and Budget, 以下, OMB), 財務省 (Treasury), 会計検査院 (General Accounting Office, 以下, GAO) にあり, 法令によってそれぞれの役割分担が定められている。連邦政府会計の会計概念書・基準書は, 連邦政府会計基準助言審議会 (Federal Accounting Standards Advisory Board：以下, FASAB) によって実質的に策定されている。FASAB は連邦政府会計の財務報告の実務を改善するよう, OMB, 財務省, GAO に対して助言をするために, これらの機関がスポンサーとなって1990年に設置されたものである。

2009年3月現在までに6の概念書と33の会計基準が公表されている。概念書には, 企業会計と同様に財務報告の目的, 財務報告の質的特徴, 発生主義財務諸表の構成要素, 認識基準などについての記述があるほか, 特徴的な概念書として概念書第6号「基本情報, 補足情報, その他の追加情報の区別」がある。

1—1—2 連邦政府財務報告の目的

概念書第1号では, 政府会計とその財務報告の基礎的な価値として,「アカウンタビリティ」と, その結果としての「意思決定有用性」の2つをあげ, これらは連邦財務報告の目的の基礎であるとしている。民主主義政府は, 誠実性, 業績および管理責任に対するアカウンタビリティを負っており, このアカウンタビリティの評価に有用な情報を提供しなければならない。また, 民主主義政府は経済的, 効率的かつ効果的に運営を行ったかということについてもアカウンタビリティを負っているとしている。

概念書第1号では, 連邦財務報告の目的は財務報告の利用者の情報ニーズに基づくべきであると考えている。このため, 連邦財務報告の利用者グループを市民, 議会, 行政官, プログラム管理者の4グループに大別した上で, その情報ニーズを明らかにし, 連邦財務報告の目的を次の4つとして説明している。

1) 予算準拠性 (Budgetary Integrity) …予算資源がどのように調達され, 使用されたか。その調達と使用が法の規定に準拠しているか, 予算資源がどのような状態にあるか。
2) 運営業績 (Operating Performance) …政府の資源管理の経済性・効率性および有効性について。

3）管理責任（Stewardship）…行政運営と投資活動が，政府に対してどのような影響を与え，政府の財政状況がどのように変化し，将来変化しうるか。

4）システムとコントロール（Systems and Control）…政府の財務管理システムおよび内部統制が適正か否か。

1—1—3　連邦政府財務報告の質的特徴

概念書第1号は，財務報告は財務情報の利用者とのコミュニケーション手段であり，このコミュニケーションを有効なものとするため，財務報告書の情報は，理解可能性，信頼性，目的適合性，適時性，首尾一貫性，比較可能性という質的特徴を持たなくてはならないとしている。

1—1—4　予算についての発生主義の議論

連邦政府の財務報告では発生主義を採用しており，予算についても発生主義に関する議論は，古くからなされてきた。しかし，予算については全面的に発生主義を採用するのではなく，部分的に発生主義的考え方を活用した予算制度を採用している。

連邦政府の予算制度には支出負担確定主義（Obligation Basis）という特徴がある。これは単年度支出ではなく，当年度以降将来にわたり支払いを要するような取引の総額が予算承認の対象となるシステムである。開始したプロジェクト等が負っている将来的な支出負担を，できるだけ一括して明らかにすることにより，予算統制の強化を図ることを目的としている。

発生主義に基づいて予算化されているのは，将来的な支出負担を前倒しで(up-front)認識することに役立つ発生主義的な項目を選んで取り上げているが，支払いが先立ち，資源消費を後で認識するような項目は軽視されている。具体的には減価償却費や資本コストについては，予算化するとコストが小さく見えてしまうため，管理上問題があるという指摘がOMBやGAOによってなされている[1]。

1—1—5　作成する財務報告書

主席財務官法（Chief Financial Officers Act：以下，CFO法）のCFO設置義務のある連邦執行機関による個別年次報告書，財務省による連邦政府全体の年次報

告書などが作成され，公表されている。CFO法とは，各連邦執行機関が構築・維持する会計・内部統制システムは「適切な会計報告基準」に準拠したものでなければならないことを義務付けた法律で，1990年に制定された。CFO設置義務のある連邦政府機関は，すべての省（department）の他，主要な独立機関などである。

1－2　州・地方政府の会計
1－2－1　概要

州・地方政府の会計制度の構築は州・地方政府に委ねられているが，現在，会計基準の設定は政府会計基準審議会（Governmental Accounting Standards Board；以下，GASB）が行っている。

州・地方政府会計は，基金会計を起源としており，従来，基金を1つの会計単位とみなして，基金ごとに会計情報を作成していた。しかし，1999年に公表された概念書第34号「州・地方政府の基本財務諸表—および経営者による財務・運営成績の分析（MD&A）」（"Basic Financial Statement–and Management's Discussion and Analysis–for State and Local Governments"）によって，基金会計と完全発生主義による2種類の財務諸表の作成と，両財務諸表の調整が義務付けられた。

2009年3月現在までに5の概念書と53の会計基準が公表されている。概念書にはFASABと同様に財務報告の目的，財務諸表の構成要素等についての概念書があるほか，特徴的な概念書として概念書第2号，第5号「サービス提供努力と成果に関する報告書」などがある。

1－2－2　二重基準に関する議論

GASB第34号は，二重基準アプローチを採用している。1つは地方自治体全体を経済主体と捉えることにより完全発生主義を採用し，もう1つは資源を管理する単位での基金の側面から修正発生主義を採用する2つの体系の財務諸表を要求するものである。その結果，地方自治体の財務諸表と基金財務諸表は，異なる会計基準で報告されることとなった。

ここでは，公的説明責任は，「財政上の説明責任」と「事業上の説明責任」とに区別されている。「財政上の説明責任」は，1つの予算サイクルあるいは2年という短い期間における公金の徴収および費消に関する責任である。これと対照的に，「事業上の説明責任」とは，どの程度事業目的が効率的かつ有効に遂行されているか，予知できる将来において，この目的を達成し続け得るかどうかについて説明する責任である。この2つの責任を包括するかたちで，管理責任（スチュワードシップ）がある。それは，財務および投資も含めて全ての資源の保全のみならず，それらの使用に係る規制への準拠性（財政上の説明責任）とともに，政府の行政目的を達成するために資源を効率的かつ有効的に使用すること（事業上の説明責任）も含むものである。このような2つの体系の情報を基本財務諸表として提供しその差異の照合を示すことは，利用者に対して有意義な洞察と広い理解を可能とするものであるとされている。

1－2－3 州・地方政府の財務報告の目的

概念書第1号では，財務報告の目的は利用者のニーズと利用者の意思決定を考慮したものでなくてはならないとしている。財務報告の主たる利用者として，政府が第一義的なアカウンタビリティを負っているグループ（市民），市民を直接代表するグループ（立法機関および監督機関），融資を行う，または融資プロセスに関与するグループ（投資者，与信者）の3グループに大別する。GASBでは政府のアカウンタビリティは納税者の「知る権利」に基づくものであると考えており，政府の財務報告においては，アカウンタビリティを果たす義務は，営利企業の財務報告よりもより重要であるとしている。アカウンタビリティは財務報告の目的の前提となる，最高位の目的であり，他の全ての目的はアカウンタビリティから生じるとしている。

GASBは，財務報告の基本目的として，次の項目を挙げている。
1）州・地方政府が公的説明責任を履行するのを支援し，また，州・地方政府の説明責任の履行状況を利用者が評価するのに役立つものでなくてはならない。
2）財務報告は，州・地方政府における当該年度の活動成果を利用者が評価す

るのに役立つものでなければならない。
3）財務報告は，州・地方政府における提供可能なサービスの水準および支払期限の到来した債務の支払能力を，利用者が評価するのに役立つものでなければならない。

1—2—4　州・地方政府の財務報告の質的特徴

財務報告はそれ自体が目的ではなく，財務情報を利用者に伝達する手段であることから，情報を有効に伝達するために財務報告は次のような特徴を持たなくてはならないとしている。すなわち，理解可能性，信頼性，目的適合性，適時性，首尾一貫性，比較可能性の6項目である。これはFASABの質的特徴とほぼ一致している。

1—2—5　作成する財務報告書

GASB第34号により，州・地方政府に最低限必要とされる基本財務諸表として，基金会計報告書（Fund Financial Statements）に加え，「(州・地方)政府全体の財務諸表」（Government-wide Statements）の作成が要求された。

政府全体の財務諸表は，発生主義会計をベースとしており，基金会計報告書と政府全体の財務諸表との間には，会計処理の相違から差異が生じる場合があるため，その差異の説明をすることが要求されている。

1—2—6　GASB第34号における純資産の考え方

GASB第34号は，純資産の考え方に特徴がある。純資産を拘束性の有無によって区分するという考え方である。これはFASBの非営利企業会計に類似している。

GASBによれば，純資産は「資産－負債」として定義されるが，その内訳表示は次の3つの概念からなる。この3つの区分に基づき，純資産が拘束されていることを財務諸表本体で開示することを要求している。

1）Invested in Capital Assets, Net of Related Debt（資本的資産への純投資＝固定資産－関連負債）
2）Restricted Net Assets（拘束純資産）
3）Unrestricted Net Assets（非拘束純資産）

この考え方の背景にあるのは，純資産を拘束の程度により「資本的資産への純投資，拘束，非拘束」に分類し，それぞれの経年比較を通して財務業績の良し悪しを評価しようというものである。非拘束純資産の増減をみれば，経常的なコストと収益との差額が，赤字か黒字（余剰か欠損）かがわかるものである。

2　米国政府会計の財務諸表の事例

2－1　米国連邦政府

2－1－1　概要

財務省により，米国連邦政府の財務報告書（Financial Report of the United States Government）が毎年公表されている。連邦政府の財務報告書は，OMBの定める基準に従って，各省庁等の財務諸表を基に財務省が独自に作成している。

図表10-1　連邦政府の財務報告書の目次概要

目次
- 財務省長官からのメッセージ
- 市民のためのガイド
- 経営者による討議と分析（Management's Discussion and Analysis：以下，MD&A）
- 会計検査院による監査報告書の要約
- 財務諸表：
  純費用計算書★，業務運営報告書兼純資産変動計算書★，純業務運営費用と予算赤字との調整表，予算及び他の活動による資金変動計算書，貸借対照表，社会保険報告書
- 注記：重要な会計方針，環境債務及び廃棄債務，等，25の注記事項
- 補足情報（監査対象外）：
  社会保険，繰延修繕費，予期しなかった予算残高，税負担
  タックスギャップ，取引及び残高の不一致，その他
- 補足管理情報（監査対象外）：
  管理投資，連邦の所有しない固定資産，人材投資，研究開発
- 付録：会計検査院の監査報告書

出所：The Treasury Department and the Office of Management and Budget. *The Financial Year 2008 Financial Report of the United States Government.*

連邦政府の財務報告書では，政府の現在の財政状態および将来の展望についての背景を提供するため，財務諸表および注記，補足情報や補足管理情報を提供している。特徴的なことは，将来情報を含む社会保険計算書（Statements of Social Insurance）が財務諸表として位置づけられていること，また多様な補足情報や補足管理情報を提供していることである。

「補足管理情報」とは，「財務諸表で資産・負債としては計上されないが，財務諸表日およびそれ以降の期間における連邦政府の事業や財政状態を知る上で重要な，資産や公共サービス等に係る情報」と定義されている。例えば，長期的な便益をもたらすことを目的とした実質的な投資は，財務諸表では費用として扱われるが実質的な投資と考えられ，「管理投資」として開示されている。

連邦政府の財務報告書の目次の概要は，図表10-1のとおりである。★を付した財務諸表を2-1-3にて事例紹介している。

2−1−2　財務諸表の特徴

「純費用計算書」は，省庁別など主体別に総費用と総収益および純費用を連結して，連邦政府全体としての純費用を表すものである。「業務運営報告書兼純資産変動計算書」は，特定基金と非特定基金およびその連結について収益，純費用および純業務運営費用（収益）を示し，純資産増減との関係を表したものである。

連邦政府の連結財務諸表のうち，純費用計算書，業務運営報告書兼純資産変動計算書，貸借対照表を紹介する。ただし，連邦政府の「純費用計算書」は個別省庁の純費用計算書と様式が異なるため，運輸省の純費用計算書も紹介する。

MD&Aにおいて，連邦政府の財政状況の概要や債務の推移，長期的将来予測，財務状況の概要，CFO設置義務のある省庁の監査意見などを説明している。とくに，連邦政府で初めて赤字が1兆ドルを超えた財務状況について，予算会計（現金主義）ベースの赤字と発生主義の費用増に分けて説明している。現金ベースでは，金融危機の影響による出費がかさみ，4,548億ドルの赤字を計上した。また発生主義ベースでは，退役軍人給付債務の算定方法変更による負担増により費用が5,498億ドル増加したことが原因としている。

第 10 章　アメリカの公会計制度

図表 10-2　連邦政府の純費用計算書（2008 年 9 月及び 2007 年 9 月期）
（単位：十億ドル）

	2008			2007		
	収益	純費用	総費用	収益	純費用	総費用
国防総省	768	27	741	690	25	665
保健社会福祉省	769	56	713	719	52	667
社会保障庁	664	0	664	626	0	626
復員軍人省	435	4	430	63	4	59
財務省証券の利子	242	—	242	239	—	239
財務省	197	12	185	87	6	81
農務省	109	10	100	99	12	87
運輸省	72	1	71	66	1	66
教育省	67	5	62	66	5	62
労働省	61	—	61	50	—	50
住宅・都市開発省	61	1	60	54	1	53
米国国土安全保障省	60	8	52	51	7	44
エネルギー省	36	4	32	68	4	63
司法省	32	1	31	29	1	28
人事管理省	40	16	24	36	16	21
連邦預金保険会社	24	2	23	2	1	1
内務省	23	2	21	19	2	17
航空宇宙局	20	0	20	16	0	16
国務省	22	3	20	18	3	15
鉄道退職委員会	21	4	17	16	10	5
商務省	12	2	10	10	2	8
環境保護庁	10	1	10	10	0	10
米国国際開発庁	9	(0)	9	10	0	9
連邦通信委員会	9	0	8	8	0	8
国立科学財団	6	—	6	6	—	6
中小企業局	2	0	2	1	0	1
スミソニアン研究所	1	—	1	1	—	1
一般調達局	1	1	1	1	1	0
米国原子力規制委員会	1	1	0	1	1	0
与信管理組合	1	0	0	0	0	0
証券取引委員会	1	1	0	1	2	(1)
テネシー峡谷開発公社	10	10	0	11	10	1
連邦農業信用補完公庫	—	0	(0)	—	0	(0)
米国輸出入銀行	0	1	(0)	1	1	(0)
年金給付保証公庫	2	4	(1)	2	6	(5)
米国郵政公社	60	74	(14)	60	74	(14)
その他	46	1	45	24	1	23
合計	3,892	251	3,641	3,157	248	2,910

第3編　外国の公会計制度と各国の動向

図表10-3　連邦政府の業務運営報告書兼純資産変動計算書

	2008	2007（修正）
資産：		
現金及びその他貨幣性資産（注記2）	425	128
未収金及び未収税，純額（注記3）	93	88
貸付金，純額（注記4）	263	232
棚卸資産及び関連資産　純額（注記5）	290	277
有形固定資産，純額（注記6）	738	691
有価証券及び投資（注記7）	80	100
政府出資企業への投資（注記8）	7	—
その他資産（注記9）	80	65
資産合計	1,975	1,581
管理資産及び遺産資産（注記24）		
負債：		
未払金（注記10）	73	66
連邦政府外保有債券及び未払利子（注記11）	5,836	5,078
連邦政府職員及び退役軍人給付金（注記12）	5,319	4,769
環境債務及び廃棄債務（注記13）	343	342
福祉債務（注記14）	144	134
保険プログラム債務（注記15）	78	73
信用保証債務（注記4）	73	69
信用補完債務（注記8）	14	—
その他負債（注記16）	298	256
負債合計	12,178	10,787
偶発事象（注記19）及びコミットメント（注記20）		
純資産：		
特定基金（注記21）（前期修正）	705	620
非特定基金（前期修正）	(10,908)	(9,826)
純資産合計	(10,204)	(9,206)
負債及び純資産合計	1,975	1,581

第10章　アメリカの公会計制度

図表10-4　運輸省の純費用計算書（2008年9月及び2007年9月期）

（単位：千ドル）	2008年度	2007年度
陸上輸送		
総費用	$50,416,782	$47,649,334
控除：獲得収益	263,771	264,028
純プログラム費用	50,153,011	47,385,306
航空輸送		
総費用	15,913,667	15,263,468
控除：獲得収益	381,546	449,014
純プログラム費用	15,532,121	14,814,454
海上輸送		
総費用	706,649	759,803
控除：獲得収益	491,570	189,076
純プログラム費用	215,079	570,727
横断的なプログラム		
総費用	565,861	511,524
控除：獲得収益	542,360	500,076
純プログラム費用	23,501	11,448
特定のプログラムに特定できないコスト	386,130	388,392
控除：特定のプログラムに起因しない収益	39,379	30,295
業務運営純費用　　　A	$66,270,463	$63,140,032

＜参考＞上記，業務運営純費用に対する財源及び差額（純資産変動計算書より）

売上税など非交換収益	48,684,350	51,533,273
歳出予算（appropriations used）	16,803,238	6,252,377
その他	688,707	693,898
合計　　　B	$66,187,295	$58,479,548
差額　　B－A	($83,168)	($4,660,484)

2—1—3 財務諸表の事例

連邦政府の財務諸表の事例は，図表10-2, 3, 4のとおりである。

2—2　米国州・地方政府の事例—ニューヨーク市—

2—2—1　概要

州・地方政府の財務諸表は，GASB 第34号によって，発生主義による作成を義務付けられている。発生主義会計の財務諸表と，従来の基金会計の財務諸表が併存し，基金会計と発生主義の財務諸表の差異について，要因別の調整を行っている。

州・地方政府の監査については，州・地方政府が連邦政府から補助金を受領して何らかの事業を行っている場合には，連邦法上，財務状況に関する独立監査人による監査を受け，その結果を連邦政府に報告することが義務付けられている。1984年に単一監査法（Single Audit Act）が制定され，2つ以上の連邦補助事業に対して一定額以上の連邦政府補助金を受けている州・地方政府については，州・地方政府全体を1つの単位とした単一監査が求められることとなった。

ここでは，ニューヨーク市の包括年次財務報告書（Comprehensive Annual Financial Report：以下，CAFR）の概略を紹介する。ニューヨーク市の2008年度の包括年次財務報告に含まれている独立監査人による監査報告では，適正意見が表明されていた。

ニューヨーク市のCAFRは300ページ以上にも及び，例年10月ごろ公表される。2008年6月に終了した会計年度のCAFRの目次の概略は，図表10-5のとおりである。★を付した財務諸表を2-2-3にて事例紹介している。

2—2—2　財務諸表の特徴

ニューヨーク市全体の財務諸表として純資産計算書（Statement of Net Assets）と活動成果計算書（Statement of Activities）の作成が求められている。純資産計算書は，資産，負債，純資産の残高を明らかにしたものであり，貸借対照表に相当する。また，活動成果計算書は，一般政府，教育，交通など機能/プログ

第10章　アメリカの公会計制度

図表 10-5　ニューヨーク市の包括年次財務報告書の目次概略

目次
1. 導入セクション
市会計検査官のメッセージ，ニューヨーク市の概略，など
2. 財務セクション
独立会計監査人の監査報告書
経営者による財務・運営成績の分析（MD&A）
2-A. 基本財務諸表
〈市全体の財務諸表：Government-wide Financial Statements〉
純資産計算書★　　（企業会計の貸借対照表に相当する）
活動成果計算書★　（企業会計の損益計算書に相当する）
〈主要な基金会計の財務諸表：Fund Financial Statements〉
政府基金
貸借対照表，貸借対照表の調整表
収入，支出及び基金残高増減計算書
収入，支出及び基金残高増減計算書の調整表
主要な基金として信託基金，外郭団体の基金の財務諸表を開示
〈財務諸表の注記〉
A　会計方針の要約
B　市全体の財務諸表と基金会計の財務諸表の調整表
C　スチュワードシップ，コンプライアンス，アカウンタビリティ
D　全ての基金についての詳細な注記
E　その他の情報
F　要求補足情報（監査対象外）
2-B〜E. 非主要基金結合財務諸表，その他補足事項など
3. 統計セクション

〈出所〉The City of New York（2008）：*Comprehensive Annual Financial Report of the Comptroller of The City of New York for the Fiscal Years Ended June 2008.*

ラム別に費用と収益（プログラムからの収入），差額を明らかにした上で，税金などの一般収入合計との差額を示したものである。

　財務セクションで財務諸表の前に書かれている MD&A では，財務諸表そのものの説明や，前年度連結決算との比較，財政状況の改善・悪化状況や，基金収支の状況が説明されている。2008 年度のニューヨーク市全体の財務諸表における連結赤字については，「前期に比べて収入が 170 億ドル増えたが，費用

181

も470億ドル増えたため,昨年よりも約300億ドル赤字が増えた。主な原因はGASB第45号（年金以外の退職者手当のための会計及び財務報告；Accounting and Financial Reporting by Employers for Postemployment Benefits Other Than Pensions）の適用,教育関係費他の増加」と説明している。

基金会計においても,2007年から2008年にかけて負債残高は26,657百万ドルから28,648百万ドルへと1,992百万ドル増え,他方,純資産は6,166百万ドルから5,717百万ドルへと449百万ドル減少しており,2008年度は基金会計ベースでも赤字が増加している。

ニューヨーク市の完全発生主義に基づく基本財務諸表,純資産計算書を以下に記載する。

2－2－3　財務諸表の事例

ニューヨーク市の財務諸表の事例は,図表10-6,10-7のとおりである。

3　わが国への示唆

3－1　統一的な会計基準

連邦政府についてはFASABが,州・地方政府についてはGASBという中立性の高い会計基準設定主体が会計基準を設定し,適用対象となる分野において当該基準を統一的に適用している。このため情報利用者はいくつもの会計基準に精通する必要はなく,会計情報の理解が容易であり,同じセクター間での会計情報の比較が容易であるというメリットがある。

連邦政府も州・地方政府とも,各論的な会計基準とともに,基礎概念と言うべき概念書を策定している。概念書において,会計基準設定の際に依拠することとなる概念的基礎を提供することで,首尾一貫性のある会計基準の策定が可能となり,また同じ概念を基礎として会計基準設定の議論が行われるため,基準設定プロセスが効率的かつ効果的になると同時に,基準設定プロセスについての説明が容易となるというメリットがある。

第 10 章　アメリカの公会計制度

図表 10-6　NY 市の政府全体の純資産計算書（2008 年 6 月期）

(単位：千ドル)	プライマリー政府 政府活動	構成単位
資産		
現金及び投資	8,786,324	3,173,800
投資，未収利息を含む	3,508,509	2,580,352
受取債権		
税金		
固定資産税（徴収不能額 $203,001 控除後）	317,470	―
連邦，州及び他の主体からの補助金	5,948,949	―
固定資産税以外の税金	4,587,246	―
その他	1,621,762	2,558,976
抵当証券と未収利息	69	5,540,764
棚卸資産	257,215	42,538
プライマリー政府に対する債権	―	22,925
構成単位に対する債権	1,361,455	―
拘束性現金及び投資	4,435,551	2,894,215
繰延費用	873,065	―
固定資産		
土地及び建設仮勘定	5,477,887	5,726,417
その他の固定資産（減価償却累計額控除後）		
有形固定資産	22,678,469	21,575,625
インフラ資産	8,736,502	―
その他	437,550	1,376,642
総資産	69,028,023	45,492,254
負債		
未払金及び未払費用	12,879,077	1,823,780
未払利息	677,361	107,310
繰延収益		
前受固定資産税	3,118,576	―
その他	2,707,270	227,401
プライマリー政府に対する債務	―	1,361,455
構成単位に対する債務	22,925	―
連邦，州及び他の主体への補助金返還分	1,114,543	―
購入投資有価証券の未払対価	257,000	―
その他	85,906	113,054
固定負債		
1 年以内返済予定	3,994,017	1,506,416
1 年超返済予定	133,703,812	33,410,863
総負債	158,560,487	38,550,279
純資産		
固定資産投下額（関連負債控除後）	(3,112,434)	8,487,669
拘束性純資産		
投資プロジェクト	1,939,548	62,580
債務返済	6,986,474	777,606
貸付・保証金	―	59,953
寄附による制約	―	48,983
事業運営	―	458,434
非拘束性純資産	(95,346,052)	(2,953,250)
純資産（欠損）	(89,532,464)	6,941,975

第3編 外国の公会計制度と各国の動向

図表 10-7　NY市の政府全体の活動成果計算書（2008年6月期）
(単位：千ドル)

機能／プログラム	費用	プログラム収入			収入純額と純資産の変動	
		利用料	事業補助金・寄附金	投資補助金・寄附	プライマリー政府 政府活動	構成単位
プライマリー政府						
一般政府	3,892,968	784,024	844,807	27,597	(2,236,540)	
公共の安全と秩序	16,253,188	302,161	555,770	11,395	(15,383,862)	
教育	21,597,632	69,925	9,838,874	987,945	(10,700,888)	
市立大学	733,165	195,703	176,196	—	(361,266)	
社会サービス	13,529,238	33,947	4,826,623	8,277	(8,660,391)	
環境保護	3,406,311	1,353,616	19,308	4,236	(2,029,151)	
輸送サービス	1,793,394	880,845	201,804	155,442	(555,303)	
公園，娯楽文化活動	897,363	97,452	12,732	36,262	(750,917)	
住宅	1,403,838	247,187	376,953	127,808	(651,890)	
医療（HHCに対する支払を含む）	2,309,449	129,563	1,014,906	—	(1,164,980)	
図書館	310,048	—	—	4,860	(305,188)	
支払利息	2,615,635	—	—	—	(2,615,635)	
プライマリー政府合計	68,742,229	4,094,423	17,867,973	1,363,822	(45,416,011)	
構成単位	13,463,488	9,070,937	2,128,958	1,082,222		(1,180,371)
一般収入：						
税収（還付控除後）						
固定資産税					12,823,352	—
売上及び利用税					6,238,357	—
所得税					9,813,965	—
法人税					6,514,783	—
その他					2,664,944	—
投資収入					637,711	344,049
その他の連邦及び州の補助					632,162	6,892
その他					257,470	156,024
一般収入合計					39,582,744	506,965
純資産の変動					(5,833,267)	(674,406)
期首純資産残高					(83,699,197)	7,616,381
期末純資産残高					(89,532,464)	6,941,975

連邦政府の財務報告書では，財務諸表に計上されないが財務報告目的から重要と考えられる情報について補足情報および補足管理情報として提供している。

わが国においても米国の会計制度の特徴を踏まえ，統一的な公会計基準設定機関の議論，基礎概念書の有用性の議論が必要である。また，説明責任を果たし，意思決定に有用な情報を提供する観点から，財務諸表の情報を補完する情報の提供についての議論がさらに活発になされることを期待するものである。

3－2　政府会計と財政の関係

財政の基本的な原則は世代間負担の衡平性を図ることである。そのため，政府・自治体会計における利益計算は企業会計や公営企業会計と異なり，期間負担の衡平性を表すものと位置づけられる。期間負担の衡平性とは，世代間負担の衡平性のように長期間にわたるものではなく，1年間の住民サービスのコストがその年の税金等の収益によってまかなわれたかどうかを示すものである。1年毎の累積が純資産の増加となって表れる。したがって，財務業績が赤字であり，純資産が減少している（あるいは債務超過である）ということは，将来的な増税かサービス提供の削減を意味している。

ここ数年，世界中の政府は，破綻した機関や不良債権を所有し，保証の提供や偶発債務および実際の負債を引き受け，また，現在の歳出とそれに関連した財政赤字の劇的な増加を招いていることなどによって，ますますリスクにさらされている。

政府会計のあり方を考えるにあたっては，財務諸表と財政とのつながりを説明することや，政府の財務業績の赤字や債務超過の意味，資本の内容についての考察を深めていくことが必要であると考える。

〈注〉

1)　(財)社会経済生産性本部（2003）『平成14年度会計検査院委託業務報告書　欧米主要先進国の公会計制度改革と決算・財務分析の現状と課題―アメリカ合衆国及びカナダの事例より―』p 95。

第3編　外国の公会計制度と各国の動向

〈参考文献〉

FASAB, *Objectives of Federal Financial Reporting ; Statement of Federal Financial Accounting Concepts No. 1,* 1993.

GASB, *Governmental Accounting Standard Series Concepts Statement No. 1 of the Governmental Accounting Standards Board ; Objectives of Financial Reporting,* 1987.

GASB, *Governmental Accounting Standard Series Concepts Statement No. 2 of the Governmental Accounting Standards Board ; Service Efforts and Accomplishments Reporting,* 1994.

石田晴美『地方自治体会計改革論』森山書店，2006年。

鈴木豊『完全解説　アメリカ政府監査基準』中央経済社，2005年。

中地宏編著『自治体会計の新しい経営報告書』ぎょうせい，2006年。

藤井秀樹監訳『GASB/FASAB公会計の概念フレームワーク』中央経済社，2003年。

山本清編著『「政府会計」改革のビジョンと戦略』中央経済社，2005年。

第11章

イギリスの公会計制度

　イギリスは行財政改革を市場主義をベースにラジカルに進めてきたが，公会計改革も同様に民間と同じ会計基準からさらに国際会計基準の適用へと展開している。イギリスの公会計制度をみよう。

1　英国の中央政府の会計制度の概要と特徴

1—1　資源会計・予算制度の背景

　英国，オーストラリア，ニュージーランドなどでは，資源管理の効率性を目的として，予算，決算および財務報告に発生主義会計を導入し，財政規律，業績評価，マネジメント改革の道具として活用している。他方，米国では，議会による民主的な統制を重視して，予算は現金主義のままで，決算と財務報告に発生主義会計を導入している。

　アカウンタビリティを重視するという意味では共通しているが，英国などのような資源管理の改善を重視する政府会計と，民主的統制を重視する米国の政府会計とでは，目的の重点の置き方に相違がある

　英国においては，1980年代後半のサッチャー政権下において，政府部門に

おけるマネジメント能力の向上，組織経営の効率化，行政サービスの質の向上等を目的とした行政改革，ネクスト・ステップ・イニシアティブが行われた。

資源会計・予算制度（RAB：Resource Accounting and Budgeting）に先行して，1988年の「政府におけるマネジメントの改善：ネクスト・ステップ」に基づき，中央省庁の行政執行部門を政策立案部門と切り離すことが提案され，執行エージェンシー（Executive Agency）が誕生した。

財務省は執行エージェンシーに，英国会計基準に基づく財務諸表作成を求め，1988年度から発生主義会計に準拠した財務諸表を作成している。

中央省庁への発生主義会計の導入は，1993年11月の財務大臣による予算提案の席上であった。資金性の高い「財務資源」（Financial Resource）はもとより，有形固定資産を含めたすべての「経済資源」（Economic Resource）を管理する会計として，「資源会計・予算」（RAB：Resource Accounting and Budgeting）と名付けられた。また財務省は，資源会計マニュアル（RAM：Resource Accounting Manual）を作成し，会計基準等の情報を提供している。

英国における発生主義会計の導入は，段階的に問題点を検証しながら導入を進める方針を採った。その結果，2007年7月に「政府資源・決算書法（Government Resource and Accounts Bill）」が成立し，1999年度決算から発生主義会計へ移行している。予算については，2001年度からの導入であり，2003年に発表された2001年度予算の決算をもって初めて資源会計・予算は一巡したことになる。

1—2　資源会計・予算の目的

資源会計・予算制度の主な目的は，議会，政府および各省に対して，次のような効果を及ぼすこととしている[1]。

○議会にとって
- 資源が政策目的達成のためにどのように使用されたか，国民への行政サービスが効率的に提供されているかについて，より良い情報を提供する。

第11章　イギリスの公会計制度

・　予算および決算の審査を充実させるとともに，財政に関して政府に対する議会の統制を強化する。

○政府にとって

・　戦略的な予算編成を行うとともに，資源配分に関する意思決定を行う上で有益な情報を提供する。
・　消費と投資を峻別することにより，財政運営上の規律を達成する。
・　政府の近代化政策（Modernizing Government）実現に貢献する[2]。

○各省庁にとって

・　資産管理のため，コスト，資産および負債に関する有益な情報を提供。
・　資源配分と投資的支出を行政サービスの提供に結びつける。

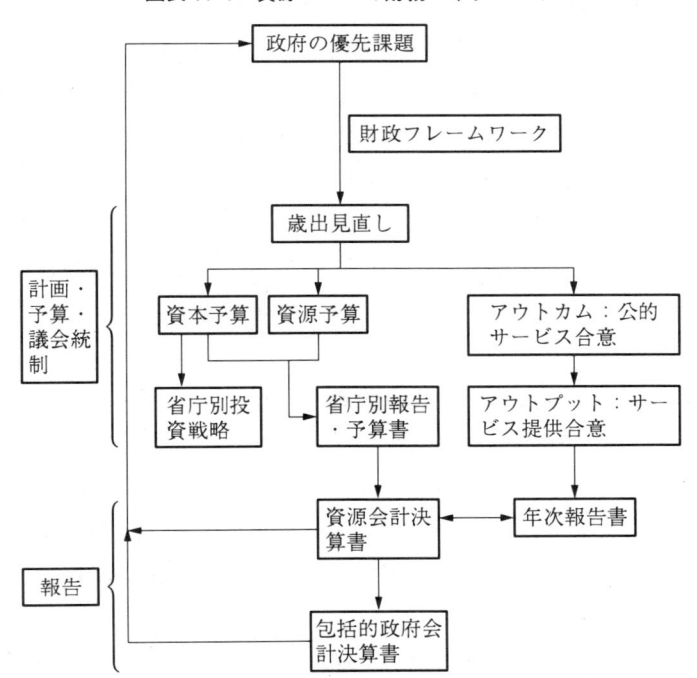

図表 11-1　資源ベースの財務マネジメント

```
                    ┌─────────────┐
              ┌────→│ 政府の優先課題 │
              │     └──────┬──────┘
              │            │
              │     ┌──────┴──────┐
              │     │ 財政フレームワーク │
              │     └──────┬──────┘
              │            │
              │     ┌──────┴──────┐
              │     │  歳出見直し   │
              │     └──┬────┬────┬┘
  ┌計画・    ┌─┴──┐ ┌┴──┐ ┌──┴──────┐
  │予算・    │資本 │ │資源│ │アウトカム：│
  │議会統    │予算 │ │予算│ │公的サービス│
  │制        └─┬──┘ └┬──┘ │合意        │
  │           │     │    └──┬──────┘
  │       ┌───┴─┐ ┌┴────┐   │
  │       │省庁別│ │省庁別│ ┌──┴──────┐
  │       │投資 │ │報告・│ │アウトプット：│
  │       │戦略 │ │予算書│ │サービス提供 │
  └       └─────┘ └──┬──┘ │合意        │
                       │    └──┬──────┘
                    ┌──┴─────┐ │
                    │資源会計 │←┤
                    │決算書   │ │
                    └──┬─────┘ │
  ┌報告              │   ┌──┴──┐
  │                  │   │年次   │
  │                  │   │報告書 │
  │                  │   └──────┘
  │              ┌───┴────┐
  └              │包括的政府│
                 │会計決算書│
                 └─────────┘
```

出所：HM Treasury Managing Resources, 2002 より作成

189

- コストを現金の収支ではなく経済的価値の生成・費消に基づいて記録するとともに，行政活動に要したフルコストを把握する。
- 行政サービス提供に利用される期間に資産を対応させて割当てる。
- 債務，債権，棚卸資産，固定資産管理改善のインセンティブを付与する。

資源会計・予算は，会計情報を単にアカウンタビリティのためだけに利用するのではなく，財政運営や行政サービスの効率化への活用を大きな目的としている。財務マネジメントの全体像は，図表11-1のとおりである。新しい行政管理フレームワークと財政政策フレームワークをリンクさせ，アカウンタビリティの向上を図ろうとするものである。

1-3 財政運営のフレームワークの設定

長期的に持続可能で健全な財政運営を行うため，1998年に財政安定化規律（Code for Fiscal Stability）が制定された。ブレア政権はこれ基づき，①中期的健全財政の維持，世代内および世代間の公平性を保つ，②短期的金融政策の支援と，財政制度の自動安定化装置により経済の変動をなだらかにする，という財政目標を設定した。さらに財政目標達成のために，①政府の借入は投資的支出に限定（黄金ルール），②政府部門の純債務残高をGDP比で安定的かつ慎重な水準に保つ（持続的投資ルール）という，2つの財政規律を設定した。

1-4 財務マネジメントの改革

財政目標の設定と同時に，予算配分を中長期的かつ戦略的に行うため，従来の単年度予算を改め，包括的歳出見直し（CSR : Comprehensive Spending Review）を導入した。CSRでは3ヵ年を1期として歳出の見直しを行い，財政目標を達成できるように，対象となる3ヵ年分の歳出総額の上限を省庁別に公共支出計画により決定している。

各省庁の歳出総額は，消費と投資を峻別するべく，①経常的支出のための資源予算（Resource Budget）と，②資本的支出のための資本予算（Capital Budget）

に分けられる。また，裁量性の有無の視点から，①支出が法律等により義務付けられており，1年毎に予算額が決定される年度管理歳出額（AME）と，②中期的な視野から行政サービスを提供するため，予算額が各年度に3ヵ年度分決定される省庁別歳出限度額（DEL）に分けられる。

1―5　行政マネジメントの改革

各省庁は1998年の政府決定に基づいて包括的歳出見直し（CSR）の中で，3ヵ年の公共サービス合意（PSA：Public Service Agreement）を作成しており，この中で，3年間に達成すべき政策目的（Aim），政策目標（Objective）と業績目標（Performance Target）を設定している。PSAは，アウトカムに焦点を当てた政策目標と業績目標が採用されている。

1―6　包括的政府会計

包括的政府会計（WGA：Whole of Government Accounts）は，中央政府，ヘルスサービス，地方政府，公営企業等の1,300団体を連結するものである。2005年度より，WGAによる会計報告書が作成されているが，IFRSの導入もあり，2009年度から公表される予定である。

1―7　英国中央政府における国際財務報告基準（IFRS）の導入

英国の中央政府では2000年より，英国の一般に認められた会計基準（UKGAAP）に準拠した発生主義会計による資源会計・予算（RAB）が導入されている。財務大臣は2007年予算書において，2008-09年度よりIFRSに準拠して財務諸表を作成することを発表したが，その後，IFRSの適用を2009年度まで延期する旨が発表された。

国際会計士連盟（IFAC）の国際公会計基準審議会（IPSASB）が，公的部門の国際会計基準として，国際公会計基準（IPSAS）を開発する役割を負っている。IPSASは基本的に，企業部門の国際財務報告基準（IFRS）を可能な限り適用することで，同じ課題に対して矛盾のないアプローチを可能にすることとしてお

第3編　外国の公会計制度と各国の動向

図表 11-2　FReM における IFRS の適用状況

IFRS	FReM での対応		
	直接適用 Applied in Full	追加適用 Adapted for public sector	修正適用 Interpreted for public sector
IAS 1　財務諸表の表示	○		○
IAS 2　たな卸資産		○	○
IAS 7　キャッシュ・フロー計算書	○		
IAS 8　会計方針, 会計上の見積りの変更及び誤謬	○		
IAS 10　後発事象	○		○
IAS 11　工事契約	○		
IAS 12　法人所得税	○		
IAS 16　有形固定資産		○	○
IAS 17　リース	○		
IAS 18　収益	○		
IAS 19　従業員給付		○	○
IAS 20　政府補助金の会計処理及び政府援助の開示	○		○
IAS 21　外国為替レート変動の影響	○		
IAS 23　借入費用	○		
IAS 24　関連当事者についての開示	○		
IAS 26　退職給付制度の会計及び報告		○	○
IAS 27　連結財務諸表及び個別財務諸表		○	
IAS 28　関連会社に対する投資		○	
IAS 29　超インフレ経済下における財務報告	○		
IAS 31　ジョイント・ベンチャーに対する持分		○	
IAS 32　金融商品：表示	○		
IAS 33　1株当たり利益	○		
IAS 34　中間財務報告	○		
IAS 36　資産の減損	○		○
IAS 37　引当金, 偶発債務及び偶発資産	○		○
IAS 38　無形資産	○		○
IAS 39　金融商品：認識及び測定	○		○
IAS 40　投資不動産	○		○
IAS 41　農業	○		
IFRS 1　国際財務報告基準の初度適用	○		○
IFRS 2　株式報酬	○		
IFRS 3　企業結合	○		
IFRS 4　保険契約	○		
IFRS 5　売却目的で保有している非流動資産及び廃止事業	○		○
IFRS 6　鉱物資源の探査及び評価	○		
IFRS 7　金融商品：開示	○		○
IFRS 8　事業セグメント	○		○

第11章　イギリスの公会計制度

図表11-2　FReMにおけるIFRSの適用状況（つづき）

SIC 7	ユーロの導入	○		
SIC 10	政府援助：営業活動と個別的な関係がない場合	○		○
SIC 12	連結：特別目的事業体		○	
SIC 13	共同支配企業：共同支配投資企業による非貨幣資産の拠出		○	
SIC 15	オペレーティング・リース：インセンティブ	○		
SIC 21	法人所得税：再評価された非減価償却資産の回収	○		
SIC 25	法人所得税：企業又は株主の課税上の地位の変化	○		
SIC 27	リースという法的形式を採用した場合の取引の実質の評価	○		
SIC 29	サービスコンセッション契約：開示	○		
SIC 31	収益：広告サービスのバーター取引	○		
SIC 32	無形資産：ウェブサイト費用	○		○
IFRIC 1	廃棄，原状回復及びそれらに類似する既存の負債の変動	○		
IFRIC 2	協同組合に対する組合員の持分及び類似の金融商品	○		
IFRIC 4	契約にリースが含まれているか否かの判断	○		
IFRIC 5	廃棄，原状回復及び環境再生ファンドから生じる持分に対する権利		○	
IFRIC 6	特定市場への参加から生じる負債：電気・電子機器廃棄物	○		
IFRIC 7	「IAS 29　超インフレ経済下における財務報告」における再表示アプローチの適用	○		
IFRIC 8	「IFRS 2　株式報酬」の範囲	○		
IFRIC 9	組込デリバティブの再査定	○		
IFRIC 10	中間財務報告及び減損	○		
IFRIC 11	IFRS 2：グループ株式及び自社株式の取引	○		
IFRIC 12	サービスコンセッション契約	○		○
IFRIC 13	顧客ポイント・サービス	○		
IFRIC 14	IAS 19：運用資産の制限，資金の最低積立及び両者の相互作用	○		
IFRIC 15	不動産建築契約	○		
IFRIC 16	外国業務への純投資に対するヘッジ	○		

（注）
IAS：International Accounting Standards　国際会計基準
IFRS：International Financial Reporting Standards　国際財務報告基準
SIC：Standing Interpretations Committee　解釈指針委員会
IFRIC：International Financial Reporting Interpretations Committee　国際財務報告基準解釈指針委員会
直接適用（Applied in Full）：IAS/IFRSの会計処理がそのまま適用される基準
追加適用（Adapted for public sector）：IAS/IFRSの会計処理ではなく，新たな会計処理が追加されて適用される基準
修正適用（Interpreted for public sector）：IAS/IFRSの会計処理が修正されて適用される基準

（資料：HM Treasury Summary of IHRS inclued in the IFRS based FReM（2008））

り，同時に，公的部門固有の会計処理や表示の開発を中心に行っている。

しかし英国は，IPSAS は中央政府に導入できるほど十分には整備されていないとして，IFRS そのものを導入するとともに，自国の制度に合わせて必要な修正・追加をすることとした。

財務省はすでに IFRS をベースにした政府財務報告マニュアル（FReM：Government Financial Reporting Manual）の作成を完了している。FReM は，IFRS をそのまま適用（直接適用），公的部門の特性に応じて修正（修正適用），新たな会計処理を追加（追加適用）を示している。FReM における IFRS の適用状況は図表 11-2 のとおりである。

2　英国政府の資源会計による省庁別財務報告書の事例

資源会計報告書は，「資源使用結果報告書」，「業務費用計算書」，「貸借対照表」等，5 つの財務報告書より構成され，各省庁がエージェンシーを連結して作成している。資源会計報告書は会計検査院の監査を受ける。

例として英国貿易産業省（Department of Trade and Industry）の資源会計報告書を採り上げ，報告書の目次と財務諸表の概要を紹介する[3]。

図表 11-3 は年次報告書の目次である。省庁の戦略の概要と業績報告を述べてから，資源会計の決算を説明する。会計責任報告，内部統制報告，会計検査院による監査証明書に続いて，主要財務諸表，注記，追加情報が開示されている。

「資源使用結果報告書」（図表 11-4）では，資源要求事項ごとに，必要資源額（Request for Resources），支出補充金（支出に直接関連して得られた収入の一部は，各省庁が統合国庫資金に納めることなく支出の財源に充てることが可能であり，これを「支出補充金」と呼んでいる），純合計および必要純現金額（Net Cash Requirements）が，予算と実績を対比する形で開示されている。

「業務費用計算書」（図表 11-5）では，コア省庁と連結に分けて管理費とプロ

第11章 イギリスの公会計制度

図表11-3 英国貿易産業省の年次報告書

英国貿易産業省の年次報告書
第1章 戦略の概要
第2章 業績報告
第3章 当省庁
第4章 当省庁の財務の紹介
第5章 資源会計
5.1 はじめに（Introduction）
5.2 会計責任者の責任に関する報告書 （Statement of Accounting Officer's Responsibilities）
5.3 内部統制報告書（Statement of Internal Control）
5.4 英国下院に向けた会計検査院長による監査証明書（Certificate and Report of the Comptroller and Auditor General to the House of Commons）
5.5 主要財務諸表（Primary Statements） ① 議会報告書（Statement of Parliamentary Supply） 　　資源使用結果要約書，純現金所要額，国庫統合基金への支払 ② 業務費用計算書（Operating Cost Statement） ③ 認識された利得・損失計算書（Statement of Recognized Gains and Losses） ④ 貸借対照表（Balance Sheet） ⑤ 連結キャッシュ・フロー計算書（Consolidated Cash Flow Statement） ⑥ 省庁の目的及び達成目標別連結業務費用計算書 （Consolidated Resources by Departmental Aim and Objectives）
6. 連結資源会計財務諸表の注記 （Notes to the 2003-2004 Consolidated Resource Accounts）
7. 追加情報（Further Information）

出所：Department of Trade and Industry, *Annual Report and Accounts, 2006-07.*
(For the year ended 31 March 2007)

グラム費（資源要求別（RfR））が表示されている。管理費が削減されてプログラム費が増加すれば，効率性の向上につながる。

固定資産の再評価や投資の再評価は，業務費用計算書ではなく，「認識された利得・損失計算書」（図表11-6）を通して計上されている。

「貸借対照表」（図表11-7）では，保有する固定資産に純流動資産を加算し，固定負債を控除して，納税者持分を表示する様式になっている。

「連結キャッシュ・フロー計算書」（図表11-8）では，業務活動の収支，投資，

第3編　外国の公会計制度と各国の動向

図表 11-4　英国貿易産業省の資源使用結果報告書（2007年3月31日終了年度）
(単位：千ポンド)

	Jul-06						予算と実績との純差額-節約(超過)	Jun-05 前年度の実績
	予算			実績				
	総支出	支出補充金	純合計	総支出	支出補充金	純合計		
必要資源額1（英国の競争力の向上）	7,066,194	(3,376,647)	3,689,547	6,225,532	(3,232,215)	2,993,317	696,230	2,800,530
必要資源額2（英国の科学的成功の増加とその社会貢献の最大化）	3,142,777	(7,672)	3,315,105	3,124,349	(6,425)	3,117,924	17,181	3,047,444
資源合計	10,208,971	(3,384,319)	6,824,652	9,349,881	(3,238,640)	6,111,241	713,411	5,847,974
支出補充金による業務外費用			11,954,845			8,635,066	3,319,779	15,246,009
必要純現金額			8,830,128			7,374,857	1,515,271	7,122,472

図表 11-5　業務費用計算書（単位：千ポンド）

	2006-07 £1000						2005-06 £1000	
	コア省庁			連結			コア省庁	連結
	人件費	その他費用	収益	人件費	その他費用	収益		
管理費								
人件費	168,870			175,721			171,857	173,888
その他管理費		148,870			151,717		146,626	147,266
収益			(14,721)			(22,154)	(5,671)	(6,267)
プログラム費用								
資源要求1（RfR 1）								
人件費	2,962			95,214			3,795	89,134
プログラム費用		5,827,763			5,843,515		5,571,796	5,585,320
収益			(3,169,693)			(3,287,815)	(3,266,230)	(3,384,192)
特別配当金（BNFLplc）			(1,799,964)			(1,799,964)		
資源要求2（RfR 2）								
人件費	—			—			—	—
プログラム費用		3,116,447			3,116,447		3,044,306	3,044,306
収益			(6,597)			(6,597)	(5,475)	(5,475)
合計	171,832	9,093,080	(4,990,975)	270,935	9,111,679	(5,116,530)	5,661,004	5,643,980
純業務費用			4,273,937			4,266,084	5,661,004	5,643,980

第11章 イギリスの公会計制度

図表 11-6 認識された利得・損失計算書

	2006-07 £1000		2005-06 £1000	
	コア省庁	連結	コア省庁	連結
固定資産再評価の純損益	8,551	8,364	(1,089)	(860)
投資再評価の純損益	2,012,746	2,012,746	557,291	557,291
当期に認識された利得・損失	2,021,297	2,021,110	556,202	556,431

図表 11-7 貸借対照表

	2006-07 £1000				2005-06 £1000	
	コア省庁		連結		コア省庁	連結
固定資産						
有形固定資産	200,503		209,210		169,379	182,917
無形固定資産	—		448		—	1,293
投資	5,638,781		5,638,781		4,536,733	4,536,733
		5,839,284		5,848,439	4,706,112	4,720,943
債権 (1年超)	8,971		—		8,971	—
流動資産						
在庫	2,079		2,158		2,588	2,672
債権	776,793		835,033		606,825	629,332
投資	1,701,655		1,701,655		5,297,451	5,297,451
現預金	482,774		527,329		510,977	553,750
	2,963,301		3,066,175		6,417,841	6,483,205
債務 (1年以内)	(1,421,945)		(1,471,085)		(5,015,244)	(5,048,632)
純流動資産		1,541,356		1,595,090	1,402,597	1,434,573
資産合計－流動負債		7,389,611		7,443,529	6,117,680	6,155,516
債務 (1年超)		(540,934)		(541,072)	(1,094,539)	(1,094,864)
引当金						
石炭	(1,620,851)		(1,620,851)		(2,308,958)	(2,308,958)
原子力	(2,543,920)		(2,543,920)		(2,574,949)	(2,574,949)
その他	(320,265)		(330,510)		(370,219)	(379,902)
		(4,485,036)		(4,495,281)	(5,254,126)	(5,263,809)
		2,363,641		2,407,176	(230,985)	(203,157)
納税者持分						
一般ファンド		(2,139,934)		(2,097,172)	(3,410,524)	(3,383,673)
再評価準備金		4,503,575		4,503,348	3,179,539	3,180,516
		2,363,641		2,406,176	(230,985)	(203,157)

第3編　外国の公会計制度と各国の動向

図表 11-8　連結キャッシュ・フロー計算書

	2006-07 £1000	2005-06 £1000
業務活動からの現金収支	(5,044,052)	(6,763,485)
資本支出・投資	(441,077)	102,138
国庫統合基金（省庁の活動外）からの受取	5,234,763	1,490,220
国庫統合基金への支払	(6,963,819)	(1,335,414)
ファイナンス	7,188,027	6,586,555
当期現金純増減	(26,158)	80,014

図表 11-9　省庁の目的及び達成目標別連結業務費用計算書

（単位：千ポンド）

政策目標	Jul—06			2005-06（再表示）		
	総額	歳入	純額	総額	歳入	純額
Ⅰ　世界水準の科学及びイノベーションの促進	3,474,421	(52,674)	3,421,747	3,373,776	(72,696)	3,301,080
Ⅱ　成功する事業への支援	2,456,823	(1,801,053)	646,770	2,545,186	(1,696,420)	848,766
Ⅲ　公平な市場の確保	750,913	(220,706)	530,207	840,632	(222,063)	618,569
Ⅳ　安全で，持続可能で入手可能なエネルギー	2,700,457	(3,033,097)	(332,640)	2,280,320	(1,404,755)	875,565
純業務費用	9,382,614	(5,116,530)	4,266,084	8,231,023	(3,395,934)	5,643,980

財務活動（国庫統合基金からの受取，国庫統合基金への支払，ファイナンス）の区分で表示されている。

「省庁の目的及び達成目標別連結業務費用計算書」（図表 11-9）では，省庁が掲げた政策目標ごとに，資源の費消総額および歳入額を明示している。

3　英国の地方政府

英国の地方政府の財務報告については，1993年に勅許財務管理官協会

(CIPFA：Charted Institute of Public Finance and Accountancy）と地方政府（スコットランド）会計助言委員会（LASAAC：Local authorities (Scotland) Accounting Advisory Committee）の合同委員会により公表された「実務指針」（Code of Practice）に基づき，94年度決算から発生主義会計に移行している。実務指針は，英国の会計基準審議会の「推奨会計実務書」（Statement of Recommended Accounting Practice）の作成ルールに則しているとされている。

この指針以前の会計は，借入金償還会計であった。これは，経常収支計算書の支出項目に借入金元本償還額を記載するものであり，住民が負担すべき地方税の水準を決定する要素としていた。

借入金元本償還額と減価償却費が等しければ，サービス提供の原価（会計）と財務（ファイナンス，財源）が一致するが，実際には必ずしもそうではない。経常収支は，サービス提供の原価を表さないことから，発生主義会計に基づく正確な費用対効果の測定の必要性が指摘されていた。

そのような背景のもとで発生主義が導入されたが，英国の地方政府会計には，アセット・チャージという独自の思考がある。これは，サービス提供のコストを把握する目的から固定資産の減価償却費を計算するが，このようなコストは住民が負担すべき地方税の水準を決定するというファイナンス目的とは異なるとするものである。そのため，一般会計残高増減計算書において，減価償却費相当額を戻入して，影響をニュートラルにするという考え方である。他方，借入金償還の資金を確保するために，最少収益引当金として，少なくとも資本調達必要額の4％を引当てして，借入金返済や施設更新資金として留保することが求められている。

4　英国バーミンガム市の財務報告書の概要

英国では，政府とCIPFAの主導により地方政府会計制度が整備された。1994年度には，政府に先駆けて全地方政府で完全に発生主義会計が導入され，

第3編 外国の公会計制度と各国の動向

図表11-10 バーミンガム市の年次財務報告書

バーミンガム市の年次財務報告書
1．まえがき（Foreword）
2．責任に関する報告書（Statement of Responsibilities）
3．ガバナンス報告書（Annual Good Governance Statement）
4．会計方針（Statement of Accounting Policies）
コア財務諸表（Core Financial Statements）
5．損益計算書（Income and Expenditure Account）
6．一般会計残高増減計算書（Statement of Movement on General Fund balances）
7．認識された利得・損失計算書（Statement of Total Recognized Gain and Losses）
8．貸借対照表（Balance Sheet）
9．キャッシュ・フロー計算書（Cash Flow Statement）
10．コア財務諸表に関する注記（Notes to the Core Financial Statements）
附属的財務諸表（Supplementary Financial Statements）
11．住宅特別会計（Housing Revenue Account：HRA）
12．コレクション・ファンド（Collection Fund）
13．グループ決算書（Group Accounts）
14．附属的財務諸表に関する注記（Notes to the Supplementary Financial Statements）
15．用語集（Glossary）
16．独立監査人による監査報告書（Auditors' Report）

〈出所〉Birmingham City Council, *Statement of Accounts, 2007/2008*.

CIPFAの作成する「地方政府会計の実務規則（the CIPFA Code of Practice on Local Authority Accounting in Great Britain）」によって，会計処理および公表用財務諸表の様式が統一された。

本章では，バーミンガム市の2007年3月期の財務報告書の目次と概要を紹介する。年次財務報告書の構成は，図表11-10のとおりである。財務諸表は，コア財務諸表と附属的財務諸表の2つに分かれている。コア財務諸表は，損益計算書，一般会計増減計算書，等の5表である。

以下，損益計算書，一般会計増減計算書，貸借対照表を紹介する。

「損益計算書」（図表11-11）は，主要なサービス目的別の総費用，収益，純費用を示して，サービス純費用を計上する。これに外部支払利息等の業務費用を加算して，純業務費用を計算する。これらの費用をまかなうための財源とし

第 11 章　イギリスの公会計制度

図表 11-11　バーミンガム市の損益計算書 (2007/2008 年)

2006/07 純費用 £'000		2007/08 総費用 £'000	収益 £'000	純費用 £'000
261,433	成人社会ケア (Adult Social Care)	475,079	117,902	357,177
12,601	市民への中央的サービス (Central Services to the Public)	110,218	92,216	18,002
276,607	子ども教育サービス (Children's and Education Services)	1,474,879	1,070,170	404,709
1,272	裁判サービス (Court Services)	1,781	288	1,493
214,098	文化・環境・計画サービス (Cultural, Environmental & Planning Services)	462,844	202,887	259,957
77,501	高速道路,道路,交通 (Highways, Roads & Transport)	130,768	39,181	91,587
4,406	住宅サービス (Housing Services)	691,884	664,133	27,751
15,385	統治・民主的コア (Corporate & Democratic Core)	15,918	328	15,590
16,681	配分されない費用 (Non Distributed Costs)	42,136	0	42,136
879,984	サービス純費用	3,405,507	2,187,105	1,218,402
65	教区指針 (Parish Precept)			72
(10,109)	トレーディング活動余剰 (Surplus on Trading)			(14,008)
25,603	課税 (Levies)			24,293
31,704	住宅資本受取からの政府プールへの貢献 (Contribution of Housing Capital Receipts to Government Pool)			25,983
1,668	期限前債務償還プレミアム (Premiums on Premature Debt Redemption)			40,656
113,792	外部支払利息 (External Interest Charges)			305,108
153,549	支払利息ー年金 (Interest Cost-Pensions)			170,855
(138,239)	年金資産期待収益 (Expected Return on Pensions Assets)			(163,545)
(7,900)	固定資産除却損益 ((Gains) Losses on the Disposal of Fixed Assets)			(38,458)
(38,440)	受取利息・投資収益 (Interest & Investment Income)			(211,634)
1,011,677	純業務費用 (Net Operating Expenditure)			1,357,724
	財源 (Sources of Finance)			
(321)	入札課税 (Bid Levy)			0
(95,784)	歳入援助交付金 (Revenue Support Grant)			(89,591)
(474,356)	非国内税金再分配 (Non Domestic Rates Redistribution)			(505,005)
(295,118)	地方税 (Council Tax)			(304,132)
626	コレクション・ファンド欠損の負担分 (Council Share of Collection Fund Deficit)			0
146,724	当期欠損 (Deficit for Year)			458,996

201

図表 11-12　バーミンガム市の一般会計増減計算書（2007/2008 年度）

	2006/07 £'000	2007/08 £'000
損益計算書の当期欠損（余剰）((Surplus)/Deficit for the year on the Income & Expenditure Account)	146,724	458,996
法令及び法令に基づかない適切な慣行によって一般会計へ加減されるべき当期純加算額（Net additional amount required by statute and non-statutory proper practices to be debited or credited to the General Fund Balance for the year）	(145,862)	(458,313)
一般会計の当期減少（Decrease In General Fund Balance for the year）	862	683
一般会計期首残高（General Fund Balance brought forward）	(29,545)	(28,683)
一般会計期末残高（General Fund Balance carried forward）	(28,683)	(28,000)

て，地方税等の収益が計上され，当期損益が計算される。当期損益は住民が負担すべき地方税等の水準を決定するものではなく，「一般会計増減計算書」（図表 11-12）でコストと住民負担の関係が開示されている。

「貸借対照表」（図表 11-13）では，固定資産に流動資産を加えて，流動負債と固定負債を控除したものが，純資産になるという構成である。純資産の内訳として，一般会計，資本調整勘定，再評価積立金，年金積立金等の財源別明細を開示している。

5　わが国への示唆

英国の中央政府における財政フレームおよび行政管理フレームと会計改革との統合という戦略は，わが国の公会計改革においても参考になるものと考える。政府の会計は，会計だけでは完結しないものであり，財政計画・予算・政策評価が一体となって初めて機能するものであることが重要な示唆である。

英国の地方政府会計には，資本会計に関してアセット・チャージという独自の思考がある。その背景には，発生主義会計を導入することにより，サービス提供のコストを把握することが可能になるが，同時に，それは会計（コスト計

第 11 章　イギリスの公会計制度

図表 11-13　バーミンガム市の貸借対照表

As at 31st March 2007 £'000		As at 31st March 2008 £'000	£'000
	固定資産（Fixed Assets）		
7,845	無形固定資産（Intangible Fixed Assets）	24,271	
	有形固定資産（Tangible Fixed Assets）		
	業務資産（Operational Assets）		
2,345,302	市所有の住居・車庫（Council Dwellings & Garages）	2,482,026	
2,410,918	その他の土地建物（Other Land & Buildings）	2,570,340	
21,518	車両・機械・器具・備品（Vehicles, Plant, Furniture & Equipment）	25,762	
433,966	インフラ資産（Infrastructure Assets）	436,661	
0	コミュニティ資産（Community Assets）	0	
	非業務資産（Non-operational Assets）		
0	建設仮勘定（Assets under Construction）	44,296	
435,352	非業務資産（Non-Operational Assets）	447,617	
5,654,901	固定資産合計（Total Fixed Assets）		6,030,973
38,799	債務期限前償還プレミアム（Premature Debt Repayment）	0	
227,868	長期投資（Long Term Investments）	411,505	
31,376	長期債権（Long Term Debtors）	31,399	
298,043			442,904
5,952,944	長期資産合計（Total Long Term Assets）		6,473,877
	流動資産（Current Assets）		
153,024	その他の投資（Other Investments）	245,637	
3,143	在庫・仕掛品（Stocks & Work in Progress）	2,961	
4,038	埋立地引当金（Landfill Allowances）	1,531	
282,957	債権（Debtors）	264,692	
66,178	現金（Cash in Hand）	69,040	
6,462,284	資産合計（Total Assets）		7,057,738
	流動負債（Current Liabilities）		
(173,461)	短期借入金（Short-term Borrowing）	(118,416)	
(423,101)	債務（Creditors）	(478,157)	
(57,792)	当座借越（Cash Overdrawn）	(69,567)	
(30,982)	非分配の資本配分（Capital Contributions Unapplied）	(29,754)	
(552)	コレクション・ファンド（Collection Fund）	(215)	
(685,888)			(696,109)
5,776,396	総資産から流動負債を控除したもの（Total Assets less Current Liabilities）		6,361,629
	長期負債（Long-term Liabilities）		
(1,387,321)	長期借入金（Long-term Borrowing）		(1,996,561)
(804,481)	確定給付年金関連債務（Liability Related to Defined Benefit Pension Scheme）		(1,138,463)
(113,753)	繰延負債（Deferred Liabilities）		(111,467)
(350,828)	繰延政府補助金（Government Grants Deferred）		(417,022)
(44,546)	引当金（Provisions）		(47,893)
(5,578)	期限前償還債務割引（Premature Debt Repayment Discounts）		0
3,069,889	総資産から負債を控除したもの（Total Assets less Liabilities）		2,650,223
	財源（Financed by）		
0	再評価積立金（Revaluation Reserve）		334,287
3,672,730	資本調整勘定（Capital Adjustment Account）		3,323,249
0	金融商品調整勘定（Financial Instruments Adjustment Account）		(56,292)
(804,481)	年金積立金（Pensions Reserve）		(1,138,463)
12,293	利用可能資本受取積立金（Usable Capital Receipts Reserve）		2,165
8,128	繰延資本受取（Deferred Capital Receipts）		8,128
28,683	一般会計残高（General Fund Balance）		28,000
3,064	住宅収益勘定残高（Housing Revenue Account Balance）		3,472
145,183	特定積立金（Earmarked Reserves）		144,054
0	住宅修繕積立金（Housing Major Repairs Reserve）		0
4,289	コレクション・ファンド（Collection Fund）		2
3,069,889	純資産合計（Total Net Worth）		2,650,223

算）と財政（財源調達，予算準拠）との分離を意味している。住民が負担すべき地方税等の水準とコストとの関係は，一般会計増減計算書で示される。目的が異なるため，異なる財務数値が表示されることは，一般的には議会や住民にとって理解が難解な面もある。しかしながら，会計と財政をどのように結合するかはそれぞれの地方政府の経営にとって重要な課題である。

わが国においては，行財政運営に役に立つような財政および行政のフレームワークの構築とともに会計改革を進めることが必要であり，また，統一的な公会計基準を構築する必要がある。会計基準としては，IPSASやIFRSをベースにして，わが国の実務に適合したものを導入することが必要であり，英国政府のIFRS導入は参考になるものと考える。

〈注〉

1) HM Treasury, *Managing Resources, 2002,* p. 4.
2) ブレア政権が策定した政府の近代化政策は，①アウトカムの重視，②国民のニーズへの対応，③効率的で質の高い行政サービスの提供，④ITの活用，⑤政府職員の質の向上を目指している。
3) 英国貿易産業省は，政府の組織変更に伴い，2007年度より，内閣府にある規制改革推進部とともに新しいビジネス・エンタープライズ規制改革省（Business, Enterprise and Regulatory Reform：ERR）として発足している。

〈参考文献〉

Birmingham City Council, *Statement of Accounts, 2007/2008*.
CIPFA（Charted Institute of Public Finance and Accountancy）, *Code of Practice*.
Department of Trade and Industry, *Annual Report and Accounts, 2006-07*.
HM Treasury, *Managing Resources, 2002*.
HM Treasury, *Financial Reporting Manual, 2008-09*.
Rowan Jones and Maurice Pendlebury, *Public Sector Accounting 5th edition, 2000*.
東信男「イギリス中央政府における国際会計基準（IAS/IFRS）の導入―公会計の目的に対応させながら―」会計検査研究第39号，2009年。
東信男「イギリスにおける公会計制度改革の検証―効果と課題―」会計検査研究第34

号，2006年。
石田晴美『地方自治体会計改革論』森山書店，2006年。
財団法人社会経済生産性本部『欧米主要先進国の公会計制度と決算・財務分析の現状と課題に関する調査研究—イギリスの事例を中心として—』平成12年度会計検査院委託業務報告書，2001年。
斉野純子『イギリス会計基準設定の研究』同文舘出版，2006年。
清水涼子『公会計の基礎知識』朝陽会，2007年。
鈴木豊『政府・自治体・パブリックセクターの公監査基準』中央経済社，2004年。
中地宏編著『自治体会計の新しい経営報告書』ぎょうせい，2006年。
筆谷勇『公会計原則の解説』中央経済社，1998年。
山本清編著『「政府会計」改革のビジョンと戦略』中央経済社，2005年。
若林茂『新アメリカ・イギリス公会計』高文堂出版，1987年。

第12章
国際公会計基準（IPSAS）の設定と各国・機関の対応

　企業会計では各国で国際会計基準の採用が進んでいる。公会計でも国際会計士連盟が各国共通の国際公会計基準の設定に取り組んでいる。整備が進められている国際公会計基準と各国・機関の対応についてみよう。

1　国際公会計基準の設定の意味と位置づけ

　現在，企業会計においては，「一組のグローバルな基準（a single set of global standards）」として設定されている国際会計基準および国際財務報告基準（IAS/IFRS）を100か国以上の国が認め適用している。IAS/IFRS の適用により，財務諸表の読者である投資家にとっては比較可能性や理解可能性の観点から，また財務諸表作成者である企業にとっても連結財務諸表の作成コストの観点から便益があるとされる。

　公会計においては，予算・決算制度の現金主義会計から，より広範な情報を提供できる発生主義的観点に変換する公会計改革の取り組みにあたって，国際会計士連盟・国際公会計基準審議会（International Federation of Accountants・International Public Sector Accounting Standards Board）が策定した国際公会計基準

IPSASの適用が進んでいる。

2　IFAC・IPSASBの仕組みと運営方法

2－1　PSCからIPSASBへ

　国際会計士連盟IFACは，1977年に設立され，公共の利益に資するために会計士の質の向上と基準を統一化する目的をもち，現在118か国，155の会計士団体で250万人余が会員となっている。IFACでは，理事会の下に設置される委員会があり，その1つとしてIPSASBを設置している。IPSASBは，1986年にIFACの内に設立されたIFAC・公的セクター委員会（PSC）を前身としている。2004年11月に，より一層国際公会計基準の作成活動に純化するための機関であることを明確にするために，現在の名称IPSASBに変更されている。地域バランスを考慮した17か国18名の委員で構成され，わが国からは，IFACのメンバー団体である日本公認会計士協会が2004年から公認会計士を委員に派遣している。また，国際連合，OECD（経済協力開発機構），EC（欧州委員会）などの国際機関がIPSASを適用するとともに，開発途上国への資金等の援助の関係もあり，国際通貨基金IMF，世界銀行，アジア開発銀行などが積極的に各国にIPSAS適用を支援している。そのためさまざまな世界機関がIPSASBにオブザーバーとして参加している。

2－2　基準策定プロジェクト

　IPSASは，意思決定，財務管理，公的部門の説明責任遂行により有用な財務報告のために発生主義に基づいた基準であり，IAS/IFRSを参考に設定されている。

　IPSASBでは基準策定プロジェクトを2段階に分けており，1996年後半から2002年末までの第1段階が完了し，現在では第2段階に進んでいる。第1段階では，具体的には1997年8月までに発行された国際会計基準IASをパブ

リックセクター向けに修正し，当時のIASコアスタンダード22本のうち，20本をIPSASとして公表した。したがって，基準の内容は企業会計基準に非常に近いものとなっている。

また，2003年以降検討が開始された第2段階は，公的部門特有の問題として，例えば社会政策債務，非交換取引，文化資産などを検討している。つまり，政府は，貨幣発行主体，マネジメントとしてインフレ政策が取れること，収入の多くは非交換取引（税金収入，補助金収入，寄附金収入等）であって対価性がないなどの特徴がいくつもあり，IPSAS設定上，そのような公会計特有の分野は検討しなければならないものである。

3 IPSASBが志向するコンバージェンス

3―1 IFRSとのコンバージェンス

IPSASBはIPSASの開発にあたって，国際会計基準審議会IASBが民間企業向けに作成した国際財務報告基準IFRSをベースに，公的セクターでも適切である限り，IPSASとIFRSとの整合性を保ちながらIPSASを開発してきた。ただし，IPSASBは，公的セクター特有の事情に応じて個々のIFRSを適切に修正するほか，公的セクターの財務報告に関して，IFRSで扱われていない問題について独自に社会給付などのIPSASを開発している。

IFRSとのコンバージェンスを図る理由として，IPSASBは政府の品質と透明性を向上させるために高品質な国際基準であるIPSASを開発する目的を持っている。しかし，IPSASBと比べてIASBは資金やスタッフ面も含めて充実し，IFRSは国際基準として実務に適用されるなど，開発の成果をあげていることから，IPSASBはできうる限りIFRSをベースにIPSASを開発することとなった。そして，今後もよりIASBとの連携を深めていくことが重要であると認識している。

3―2　各国基準とのコンバージェンス

　IPSASBでは過去には，IPSASBとアメリカの地方政府向けの会計基準を設定するGASBと連携しながら固定資産の減損会計基準を検討したことがある。そのためIPSASBとGASBの固定資産の減損会計基準の公表時期は，それぞれの基準策定のデュー・プロセスに照らし，非常に近似した時期となっている。また，非資金生成資産，商業的利益の有無に着目するなど，その概念についても同様の考えに拠っている。ただし，作成の方法が，IPSASBはIASBで作成するIFRSをベースに，そしてGASBはアメリカの民間企業向けの会計基準を設定するFASBが作成するアメリカ企業会計基準SFASをベースに作成されているので，例えばIPSASではIFRSで認める減損損失の戻入れを認めるが，GASBではSFASで認めない減損損失の戻入れを認めないなど一定の相違があることが特徴である。

　現在では，IPSASBとアメリカだけではなく各国の公会計基準設定主体と協力して「公的セクターの主体の一般目的財務報告に対する概念フレームワーク」を開発中である。

3―3　統計基準とのコンバージェンス

　IPSASが対象とする公共部門の概念と国民経済計算体系（SNA；System of National Accounts）や政府財政統計（GFS；Government Finance Statistics）などの社会会計における統計上の「一般政府部門」（General Government Sector）概念との間に差があり，全く異なる数値が計上されていることが問題とされた。IMF（国際通貨基金），OECD（経済協力開発機構）と共同で調査するなど，政府間を比較する手段として財務報告だけではなく，決算統計とも調整しなければならない公会計特有の問題である。

第12章　国際公会計基準（IPSAS）の設定と各国・機関の対応

4　海外における IPSAS の検討と導入

4—1　イギリス

　イギリスにおける公会計基準設定の基本的な方法は，民間の企業会計基準と公会計に同一の会計基準体系を設定する方法をとっている（セクターニュートラル）。したがって，イギリスの会計基準設定主体である ASB・UK が設定した会計基準に原則的に従うこととなるものの，国については財務省が資源会計マニュアルを定め，地方については英国勅許公共財務会計協会 CIPFA が指針を定めるというように企業会計だけで処理しきれない企業とは相違する事項を補う形で手当てされている（なお，イギリス政府の今後の IFRS 適用予定は別章を参照のこと）。そのためイギリスは IPSAS を適用していないものの公会計の基準についてはそもそも民間とほぼ同様であるため，IPSASB が志向する IFRS とのコンバージェンスには積極的な立場をとっている。

4—2　アメリカ

　アメリカにおける公会計基準の設定の方法は，民間企業会計とは別個に公会計の基準を定めるというものである。これは，アメリカには，地方政府の会計基準を定める GASB を 1984 年から，また連邦政府の会計基準を定める FASAB を 1990 年から有していることから，アメリカは IPSAS を適用していない。

　先述のとおり，GASB と IPSASB は連携しながら，固定資産の減損会計基準を検討したことがある。基準に添付されている「設例」は同じ内容のものが事例としてあげられている。また，現在では，IPSASB と各国の公会計基準設定主体と協力して策定している「公的セクターの主体の一般目的財務報告に対する概念フレームワーク」では，アメリカ GASB も FASAB も公会計に関する概念フレームワークを有するため，積極的に議論をリードしている。アメリカでは長年公会計概念，公会計基準の議論をし，実務とのフィードバックを行ってきたため，一日の長があり，IPSASB が志向する各国基準とのコンバージェン

スに対して積極的な対応を取っている。

4－3　世界機関や他国の状況

世界機関では NATO, OECD, EC が IPSAS を適用し, UN も 2010 年からの適用が予定されている。国連の一組織である世界食糧計画 WFP が国連本体に先駆けて IPSAS を 2008 年から適用している。

また，国レベルでの IPSAS の適用は，スイス，イスラエル，南アフリカなどが適用国としてあげられる。フランスは 2006 年から発生主義に基づいているといわれ，IPSAS をかなり参考にしたようである。

図表 12-1　IPSAS の適用状況

中国	IPSAS 採用作業中
フランス	発生主義移行に当たり，IPSAS 等を参考
インド	世銀や IMF などと共同で IPSAS 採用向けた作業中
イスラエル	IPSAS 採用
オランダ	IPSAS 採用
ノルウェー	発生主義移行時に民間基準がない場合，IPSAS 適用
ロシア	IPSAS 採用
スペイン	IPSAS 採用作業中
南アフリカ	IPSAS 採用
スイス	IPSAS 採用
ブラジル	IPSAS 採用作業中

注：2008 年 9 月 IPSAS Adoption By Governments を筆者修正。

5　わが国における IPSAS の導入事例

5－1　独立行政法人における固定資産の減損

独立行政法人会計基準は，財務省・財政制度等審議会および総務省・独立行

政法人会計基準研究会の共同で設定されており，平成12年2月に設定されて以降，現在最終改正は平成19年11月である。途中，平成17年6月29日付けで「固定資産の減損に係る独立行政法人会計基準」を定めた際，その設定前文において，非資金生成資産に係る減損処理を規定しているIPSAS第21号等を参考にして検討されたことが明言されている。

　IPSAS第21号及び第26号が，国際公会計基準の固定資産の減損を定めた基準である。2つの基準に跨って基準を定めているのは，対象とする「固定資産」の違いにより分けていることによる。

　IPSAS第26号は，「商業的利益」を生成することを主たる目的として保有する資産である「資金生成資産」，つまり企業会計と同様の資産を保有することを前提としている。「商業的利益」を生成する資産を保有することは，その資産から正のキャッシュ・インフローを生成し，資産の保有に関連したリスクを反映した収益を生むことを主体が意図していることを示している（IPSAS第26号第14項）。企業会計でいう資産であれば当然に商業的利益を生む資産となるため，同基準は，IAS第36号とほぼ同様であり，公会計には対象が生じないのれんなどの規定を削除したものとなっている。

　一方，IPSAS第21号は，公会計特有である「非資金生成資産」の減損を定めたものである。先に述べたように，資金生成資産は，正のキャッシュ・インフローを生成することが要件であることから，多少の料金収入を収受していたとしても事務事業にかかるコストを上回る収益をあげていない資産は非資金生成資産に該当することとなり，IPSAS第21号を適用することとなる。また，キャッシュ・フローを用いないことから，企業会計でいう資金生成単位CGUによるグルーピングを規定していない。加えて，減損の兆候の判断においては企業会計でいう営業活動からの損益またはキャッシュ・フローが継続してマイナスかどうかは判断されない。したがって，独立行政法人会計の検討にあたっては，IPSAS第26号ではなく，公会計特有の論点を検討したと解されるIPSAS第21号を参考にしている。なお，独立行政法人会計基準では，独立行政法人通則法などにより，本来わが国の企業会計をも参考にしなければならず，

IPSAS そのものを適用するよりもわが国企業会計，さらには国からの財源措置である運営費交付金などを受けることから特徴的な会計処理を求めており，所要の修正が行われている。

5—2　地方自治体会計改革と財務書類4表の作成

現在，資産債務改革，財政健全化法など地方自治体の財務情報の開示が進められ，全国1,800の地方自治体にて，財務書類4表の作成が求められている。検討にあたっては，国会においてIPSASとの整合性に関する質問が国会議員からなされるなど，IPSASについて注目が集まっているところである。総務省から示された2方式のうち，「総務省方式改訂モデル」は決算統計から作成されるが，「基準モデル」は一応の複式処理を求めていることから報告書においてIPSASへの組み換えが可能であること，ただし，個別に検討を要することが明記されている。また東京都会計基準も同様にIPSASと整合性はあると思うが1つ1つの基準と照らし合わせたわけではない，今後対応は可能といわれている。しかし，いずれも，IPSASの存在は認知され，IPSASに対応可能であることを宣言しているものの，実地に試行，作成はしておらず，整合性の評価，検証は行われていない。少なくとも出納整理期間，資産評価などでは相違している。

6　IPSAS導入の課題

6—1　IPSASB公会計概念フレームワーク

IPSASBは現在，公会計基準設定にあたって，一般目的財務報告の目的・範囲やその定義・認識・測定などを規定する「概念フレームワーク」を有していないため，各国の公会計基準設定主体と協力して策定中である。今後のIPSASの策定のための指針であり，IPSASを参考に公会計基準を設定するわが国をはじめとした各国の公会計基準の設定の方向性に大きな影響を与える。

IPSASは，当然に，IFRSと同様，一般目的財務諸表の作成を前提として，

その作成基準として開発されている。例えば，公会計における予算とは，議会での承認を経て行政機関に対して予算執行権限を与えるとともに，予算に従った執行を義務付けるという意味での法的拘束力を有する。これに対して，企業会計における予算とは，経営者が自らの業績目標として設定するものであるから，管理会計目的に使用される。そのような相違についても述べられることで，わが国においても理解が広まり適用が促進されることとなる。

7 最後に

国際公会計基準の導入と適用にあたっては，第一義的に納税者たる国民・住民対して説明責任を果たす必要がある。国際公会計基準のすべてが正しいとは限らないが，高品質な公会計基準の策定を目的に検討した基準はひとつのあるべき姿がそこに示されているといえるのであるから，そのプロセスに関与するとともに，わが国において適用について議論がなされる必要がある。より一層のわが国の国・地方公共団体の透明性の向上，規律ある財政運営，マネジメントサイクルの確立につながるために，また行政のガバナンス機能を果たすことの一環として財務書類が有用に活用されるために，国際公会計基準の適用を検討していくことが必要である。

〈参考文献〉

International Public Sector Accounting Standards Board, *Strategy and Operational Plan 2007-2009*, 2007.

International Public Sector Accounting Standards Board, *IPSAS Adoption By Governments*, 2008.

International Public Sector Accounting Standards Board, *IPSAS 21 Impairment of Non-Cash-Generating Assets*, 2004.

International Public Sector Accounting Standards Board, *IPSAS 26 Impairment of Cash-Generating Assets*, 2008.

第3編 外国の公会計制度と各国の動向

〈参考資料〉
国際公会計基準（IPSAS）等の一覧表（2010/1月現在）

| — | 国際公会計基準の趣意書 | 改訂：2007.1 |

〈発生主義 IPSAS〉

号	表題	公表年月
第1号	財務諸表の表示	改訂：2007.1
第2号	キャッシュ・フロー計算書	2000.5
第3号	会計方針，見積りの変更及び誤謬	改訂：2007.1
第4号	外国為替レート変動の影響	改訂：2008.4
第5号	借入費用	2000.5
第6号	連結及び個別財務諸表	改訂：2007.1
第7号	関連法人に対する投資	改訂：2007.1
第8号	ジョイント・ベンチャーに対する持分	改訂：2007.1
第9号	交換取引から生ずる収益	2001.7
第10号	超インフレ経済下における財務報告	2001.6
第11号	工事契約	2001.6
第12号	棚卸資産	改訂：2007.1
第13号	リース	改訂：2007.1
第14号	後発事象	改訂：2007.1
第15号	金融商品：開示及び表示	廃止
第16号	投資不動産	改訂：2007.1
第17号	有形固定資産	改訂：2007.1
第18号	セグメント別報告	2002.6
第19号	引当金，偶発債務及び偶発資産	2002.10
第20号	関連当事者についての開示	2002.10
第21号	非資金生成資産の減損	2004.12
第22号	一般政府セクターの財務情報の開示	2006.12
第23号	非交換取引による収益（租税及び移転）	2006.12
第24号	財務諸表における予算情報の表示	2006.12

第12章 国際公会計基準(IPSAS)の設定と各国・機関の対応

第 25 号	従業員給付	2008.2
第 26 号	資金生成資産の減損	2008.2
第 27 号	農業	2009.12
第 28 号	金融商品:表示	2010.1
第 29 号	金融商品:認識と測定	2010.1
第 30 号	金融商品:開示	2010.1
第 31 号	無形資産	2010.1

〈現金主義 IPSAS〉

—	現金主義会計による財務報告	改訂:2008.1

〈研究報告等〉

研究報告第 11 号	政府の財務報告 —会計上の課題と実務—	2000.5
研究報告第 14 号	発生主義への移行 —政府及び政府主体のための指針—	第 2 版:2003.12
調査報告	予算報告	2004.5
調査報告	IPSAS と財務報告に関する統計規準:差異分析と統合化のすすめ	2005.1
CP	発生主義会計における文化資産の会計	2006.2
CP	サービス譲与契約の会計と財務報告	2008.3
CP	社会給付:認識及び測定の論点	2008.3

索　　引

【あ行】

アカウンタビリティ ………………… 49
アカウンタビリティ（パブリック）…… 151
一般会計（国）………………… 22, 67
一般会計（地方）………………… 93-95
一般政府（General Government）………… 5
インフラ資産 ………………………… 56
運営費交付金 ……………………… 144

【か行】

会計検査院 ………………………… 159
会計主体性 ………………………… 87
会計処理基準 ……………………… 51
概念フレームワーク ……………… 214
借入資本金 ………………………… 138
監査委員 …………………………… 161
官庁会計 …………………………… 47
機会費用 …………………………… 89
基準モデル ……………………… 109, 110
義務的経費 ………………………… 101
行政コスト計算書 ………………… 115
業績予算 …………………………… 32
業務費用計算書 …………………… 82
区分別収支計算書 ………………… 84
決算カード ………………………… 96
決算状況 …………………………… 98
現金主義（会計）…………………… 51, 52
公営事業会計 ……………………… 96
公会計 ……………………………… 14
公会計基準審議会（GASB）………… 49
公会計の領域 ……………………… 12
公監査 ……………………………… 151
公監査構造 ………………………… 153
公監査目的 ………………………… 153
公共経営論 ………………………… 14
公共サービス合意（PSA：Public Service Agreement）………………… 191
公共部門 …………………………… 2
公的企業（Public Corporation）………… 5
国際会計士連盟（IFAC）……… 62, 191, 208
国際公会計基準（IPSAS）………… 62, 207
国際公会計基準審議会（IPSASB）
　……………………………… 62, 191, 207
国際財務報告基準（IFRS）
　……………………………… 61, 191, 207, 209
国民経済計算 ……………………… 5
国民経済計算体系（SNA）………… 210

【さ行】

財政 ………………………………… 4
財政指標 …………………………… 99
財務業績 …………………………… 59
財務書類4表 ……………………… 109
財務報告の目的 …………………… 48
資金収支計算書 …………………… 117
資源会計・予算制度（RAB：Resource Accounting and Budgeting）……… 187, 188
自己資本金 ………………………… 137
資産 ………………………………… 56

資産・負債差額増減計算書 ……………… 83
実務指針（Code of Practice）……… 199
収益・費用 …………………………………… 58
修正発生主義 ………………………………… 52
純資産 ………………………………………… 57
省庁別財務書類 …………………… 78, 87
新公共管理 …………………………………… 35
新公共経営 …………………………………… 35
新地方公会計制度研究会報告書 …… 108
出納整理期間 ………………………………… 88
性質別経費 ………………………………… 101
政府会計基準審議会（GASB：Governmental Accounting Standards Board）…… 172
政府関係機関 ………………………………… 23
総資産変動計算書 ………………………… 116
総務省方式 ………………………………… 107
総務省方式改訂モデル ……………… 109, 110
測定の焦点 …………………………………… 51

【た行】

貸借対照表 ………………………… 80, 114
地方公営企業 ……………………………… 133
地方公営企業会計 ………………………… 135
地方公共団体の総合的な財政分析に関する調査研究会報告書 ……………… 107
地方財政計画 ………………………………… 10
勅許財務管理官協会（CIPFA：Charted Institute of Public Finance and Accountancy）………………………………… 198
東京都方式 ………………………………… 113
投資的経費 ………………………………… 101
特殊法人等 …………………………………… 72
特別会計（国）………………… 22, 67, 70, 74
特別会計（地方）……………………… 93-95
独立行政法人 ……………………… 68, 72, 141
独立行政法人会計 ………………………… 142

【な行】

ニュージーランドの発生主義会計・予算制度 …………………………………………… 60

【は行】

発生主義 ……………………………………… 52
発生主義会計 ………………………………… 51
発生主義予算決算 …………………………… 37
PDCAサイクル ……………………………… 41
非財務成果情報 ……………………………… 49
負債 …………………………………………… 57
普通会計 ……………………………………… 96
米・英の公監査 …………………………… 156
米国の公会計制度 ………………………… 169
包括監査 …………………………………… 154
包括的歳出見直し（CSR：Comprehensive Spending Review）……………………… 190

【ま行】

みなし償却 ………………………………… 139
目的別経費 ………………………………… 101

【や行】

予算 …………………………………………… 17
予算・財政マネジメント ……………… 36, 37
予算会計改革 ………………………………… 38
予算原則 ……………………………………… 19
予算制度（国）……………………………… 20
予算制度（地方）…………………………… 25

【ら行】

連邦政府会計基準助言審議会（FASAB：Federal Accounting Standards Advisory Board）………………………… 170

〈編著者紹介〉

鈴木　豊

青山学院大学大学院・会計プロフェッション研究科長・教授
経営学博士，公認会計士，税理士
　　総務省「地方公営企業会計制度等研究会」座長
　　総務省「健全化法に係る損失補償債務等評価基準検討WT」座長
　　財務省「東京国税局入札等監視委員会」委員長
　　金融庁「公認会計士試験」試験委員
　　日本公認会計士協会「公会計委員会」委員長
　　東京都「地方独立行政法人評価委員会」委員
　　さいたま市「外郭団体経営改革推進委員会」委員長，などを歴任。
主な著書
　　『自治体の会計・監査・連結経営ハンドブック』中央経済社，2008年
　　『地方自治体の財政健全化指標の算定と活用』大蔵財務協会，2009年，など多数。

兼村髙文

明治大学公共政策大学院ガバナンス研究科教授
　　総務省「地方公共団体の財政分析等に関する調査研究会」委員
　　資源エネルギー庁「地域振興計画審議会」委員
　　自治体国際化協会「比較地方自治研究会」委員
　　茨城県「行財政システム改革懇談会」委員
　　三重県「地方税財政制度等検討会」委員
　　藤沢市「行政改革協議会」委員長
　　鎌倉市「行革市民会議」委員長
　　浦安市「行財政改革推進委員会」委員長，などを歴任。
主な著書
　　『財政健全化法と自治体運営』税務経理協会，2008年
　　『図解自治体財政はやわかり』学陽書房，2009年，など多数。

編著者との契約により検印省略

平成22年5月1日　初版発行

公会計講義

編　著　者	鈴木　豊・兼村髙文
発　行　者	大　坪　嘉　春
製　版　所	美研プリンティング株式会社
印　刷　所	税経印刷株式会社
製　本　所	株式会社三森製本所

発　行　所　東京都新宿区　株式　税務経理協会
　　　　　　下落合2丁目5番13号　会社
郵便番号 161-0033　振替 00190-2-187408　電話 (03) 3953-3301 (編集部)
　　　　　　　　　 FAX (03) 3565-3391　　　　 (03) 3953-3325 (営業部)
URL　http://www.zeikei.co.jp/
乱丁・落丁の場合はお取替えいたします。

Ⓒ　鈴木　豊・兼村髙文　2010　　　　　Printed in Japan

本書を無断で複写複製（コピー）することは，著作権法上の例外を除き，禁じられています。本書をコピーされる場合は，事前に日本複写権センター（JRRC）の許諾を受けてください。
JRRC〈http://www.jrrc.or.jp　eメール：info@jrrc.or.jp　電話：03-3401-2382〉

ISBN978-4-419-05360-4　C3034